星云日记 23

有愿必成

星云大师 著

岳麓書社·长沙

目　　录

自　序

星　云

我从童年开始，就喜欢写日记，但因那时生活艰苦，纸笔不周，只有将一些人事、新知、杂感、生活等记于脑海中。

一九四九年我初来台湾，最初几年曾写了二十多本约两百多万字的日记。后来自己翻阅时，发觉日记中尽是写些人我是非、他人得失，写到自己也是一副愤世嫉俗的丑陋面目。因此，在一九五二年的元旦，我重新在一本日记簿上写道："我，是自私的；我，是丑陋的；自赞毁他，妄自议论，实在是人类的劣根性。"写完，我就将二十多本日记付之一炬了。

现在回想起来，不禁感到有点可惜，因为日记是一个人生活的痕迹，是一个人成长的写照，是一个人经验的记载，更是一个人生命的历史。假如那些日记至今还保存着，或者从那时起我一直将日记写到今天，相信一定会有许许多多有关人事、生活、知识方面的往事可以追忆，不管好与不好，我相信一定可作为做人处事的龟鉴。

一九六三年，我参加“中国佛教会”访问团到亚洲国家进行友好访问，由于行程紧凑，我就在飞机、火车、渡轮上，甚至有时没有桌子，如在印度天气太热，还趴伏在地面上，写了八十天的日记，每天写好后，要赶在《觉世》旬刊上发表，后来并将之定名“海天游踪”，交由佛教文化服务处出版，想不到却因为内容涉及一些对佛教人士的看法，因而引起不少风波。之后，我又至印度朝圣多次，对于佛国当初值得记述的事迹，并没有留下雪泥鸿爪而深感可惜。

一九六七年，我开始创建佛光山，最初在《觉世》旬刊上发表每天大事记，约数年之久，后因凤山张致良居士认为太过把人事公开报导，故而反对刊出，从此，我对开山时的心情经过未能留下丝毫痕迹，至今回忆，也觉得不无遗憾。

直至一九八九年春天，我组织了“国际佛教促进会大陆弘法团”到大陆探亲弘法，当时台湾各大日报纷纷邀我写访问日记，可能是因为事情太过繁忙，加上许多敏感问题，实在不易着笔，只有一一婉谢。虽然没有将日记在报纸上发表，但是我仍然写了三十天的日记，后因飞机输送行李时的失误，在大陆所买的书籍和那些珍贵的纪念品，甚至日记统统都遗失了，至今还不晓得流落何方，也许数百年后有人发现到的时候，说不定是一桩历史公案哩！

是一九八九年的七月吧，我为了顾念《普门》杂志的发行量，对其聊尽一点心意，便自告奋勇地向主其事的依空、永芸提供日记给他们发表，从一九八九年七月一日起，迄今四年，未曾间断。这些日子，我将自己个人的生活、工作、弘法度众上的所见所闻、所思所感等一切皆公诸于读者之前。只是我的日记挂一漏万，没有真正顾及到生活方面，像有很多书信、谈话、友谊、计划，并没有记录下来，工作、演讲等内容，也由于篇幅的局限，没有完整地详录。尤其是对事情的看法、内心的感受，自觉表达得很不完全。

其实，这不是没有原因的。负责笔录日记的永庄，四年来他最辛苦，尤其因为他没有跟我讲话的习惯，也没有问过我日记要怎样写，或许由于他不讲话的缘故，我也没有特意告诉他我的一些看法。所以，他无法确实地了解我心中的体会，唯有待日记写好后，我在字里行间补上几句就草率地完成。

这本日记除了永庄之外，曾经为我代笔过的有慈惠、慈容、依空、慧军、永妙、满果、依日、依筏、依门、依宏、依晟、永贤、永均、永芸、慧传、满义、永海、满和、永有、依益、觉幻和李仁玉等人，他们有的为我写过一月半月，也有的只写了一天两天，无论记录的多与寡，我仍然要向这些徒众表示感谢，因为有他们，才没有让我的日记在四年里中断过。

有人说，在我的日记中并没有常常看见我读书；也有人说，读我的日记，很少看到我吃饭修行，也甚少叙述我生活中的细节，例如只见我坐飞机，并没有提及我去买票，只听闻我每天去某个地方，并没有说谁替我开车……事实上，天天要做的事情，常常要做的事情，顾此失彼是在所难免的。

也有人问我：日记是什么？我想了想，觉得日记有时候是一面镜子，让我们反观自照；有时候日记是一个知己，可以尽情地向他倾诉自己内心的感受；有时候日记是一张功过表，上面记下了我们处世的对与错；又有的时候日记是一部成长史，留下了成熟过程中的点点滴滴；也有时候会觉得日记是一个百味坛，酸甜苦辣尽在其中……

此外，也有许多读者致电来函，给予我莫大的鼓励，像每次日记发表后，都会看到读者的热烈回响：有的赞美我为法忘躯、为教牺牲奉献，也有的说我的日记犹如一帖清凉剂，熄灭了都市里的喧哗和红尘中的纷争；有的说日记好像一盏明灯，为大家学佛的道路指引方向，更有的说日记好比一朵美丽的鲜花，吐露清香怡人的芬芳……若要真的问我对日记的看法，我则觉得日记是我随心自作、随性自遣的生活小品。

感谢很多人写了阅读“星云日记”的感言，如：“《中央日报》”社长石永贵先生、胡志强先生、作家尹雪曼先生、薇薇夫人等。有的人说我的日记有教育性的内容，有的人说有跟随我弘游天下的感觉，但我自己并不满意，因为文字并不十分流畅，对问题的看法也不十分深入，尤其有些事情的前因后果、上下关系及诗词古句，我都记不清出处，除感谢外，在此也顺便说声歉意。

现在，《普门》要将我这四年来的日记发行单行本，到一九九二年止，总计有二十册之多（编者

注：《星云日记》共四十四册，此序作于前二十册出版时)，感谢三宝的加持，和所有亲友信徒的因缘，没有你们，就没有现在这本日记。

一九九三年八月八日开山寮

发现生命

龚鹏程

明朝谢肇淛在《五杂组》中曾说：读书的乐趣，是“读未曾见之书，历未曾到之山水，如获至宝、尝异味，一段奇快，难以语人也”。

星云大师的日记，对我而言，并非不曾见之书。我不但每期在《普门》杂志都得以及时拜读，集结出书后也曾多次通读，然而每次读都像在读新书、读不曾见之书、游未曾经历过的山水，而涌起一股如尝美味、如获至宝的奇特快感。

这种奇妙感受，确实是“难以语人”的，很难描述。许多人在替大师日记写序文时，都曾表达过这种难以语说、踟蹰不能落笔之感。因此，我说那是种不易言语的体验，相信很多人都有同感。

勉强描述之，则大师日记与世间一般书籍不

同。读一般书籍，我们可以获得作者告诉我们的许多知识，或借其文字，激扬了我们的感情。可是大师日记带给读者的，却是一种“发现”。随着大师的游踪，我们发现了一处处风土人情之美，随着大师日常生活的行止，我们也发现了人生许多的可能性。生命的深刻、强韧、丰富，随着时间的序列而展布于眼前。所述往往出乎意想之外，却又深得我心，如一幅幅奇山异水好风景，让人重新发现了世界是什么，生命又是什么。

发现不只是看见。发现会带来灵魂上的震动，直接产生洗涤或撞击的作用，因此它既使人感到亲切，也有震慑的力量。读其书，仰企其人，不禁欢喜赞叹而又仿佛不能赞一辞，即来自这种力量。

但大师的本意也许并不希望如此。他或许并不喜欢大家崇拜他、赞叹他，而更寄望每个读他日记的人都像他，也能以广大心胸去含容世界，发现天下；以慈悲喜舍去助人益世，彰显人间之情义与美善。故其书也许不是观赏性的、知见性的，而是实践性的。不是让人看一幅山水美景，观一部高僧行谊图便罢，乃是教人实践人间佛教，要人成就为大师的。

这是我读星云大师日记的一点体会，对或不对，敬祈同读大师著作者共参。

有力量才有未来

有力量才能经得起风霜雨雪，
有力量才能去除无明烦恼，
有力量才能解决人我是非。
安住身心、发心耐烦、自在肯定，
都是我们的力量。
世界上无论任何事物，
有力量才有未来。

1993 年
5 月 1 日—5 月 15 日

精华语录

◎休息并不是躲避繁忙的事业，休息的意义是使我们适应工作环境。

◎机巧的人轻视学问，浅薄的人惊服学问，聪明的人却能利用学问。

◎天下事以勤而废者十之一，以惰而废者十之九。

◎我们也应该像文竹一样，不必去追求华丽的外表，从清淡素雅的生活中，不是一样可以找到我们自己所向往的天空吗？

◎学佛不一定是为了自己，因为自己与众生是一体的，学佛应抱有实实在在的态度，真正在生活中修行才不算虚晃此生。

◎没有安住的力量，即使在天堂或在净土，

也无法心生欢喜。

◎布施时，要看自己的能力，在不自苦不自恼下量入而为。我一向主张正当的经济生活，应该是："一分施悲敬，二分不时需，三分生活用，四分作生意。"

◎进了禅堂，不要把外界的污染、妄想、烦恼、过去的回忆带进来，要好好安身的在心上下功夫。

◎每个人都有成佛的可能，问题在于你肯不肯承担。能直下承担自己是佛者，即可自省：佛祖抽烟吗？佛祖打人吗？能有这一层认识，就是发心皈依所得到最具体的利益。

五月　一日　　星期六

郝柏村先生上午八时三十分，由旧金山搭乘联合航空公司 UA1703 班机抵洛杉矶。西来寺住持慧明法师，一大早就率领国际佛光会洛杉矶分会会员“佛光之友”的美籍友人及西来寺信徒近百人，到机场欢迎郝先生来洛城访问。

郝柏村先生此次来美是应全美数个城市的大专校友会邀请，而进行一连串访问演说。于前天（四月廿九日）首站抵旧金山，在旧金山的侨学界欢迎会上表示——

麦克阿瑟名言：老兵不死，只是逐渐凋谢。

郝先生在洛城三天的行程，除讲演、座谈、出席欢迎宴外，今晚七时，将在洛杉矶城市俱乐部，接受克莱蒙学院颁赠象征该校最高荣誉的“校长奖章”。此项奖章是颁赠给世界上各领域的杰出领袖，过去荣获此项奖章的包括有南非大主教图图、美国桂冠诗人韦伯、前RCA总裁但纳萧等。

郝先生将于后天（五月三日）离开洛杉矶往休士顿访问，临行要先到西来寺参观并用早餐，得知此一讯息的信众和佛光会员们，都高兴得相互传达。

目前正在耶鲁大学埋首准备博士论文的依法，和我谈及其论文写作的进度，重点将放在戒律方面的问题。我鼓励他可将佛门戒律上的“三番羯摩”与法律的“三审制度”做个探讨，比较“佛教戒律与现代法律之异同”。奈何依法表示其指导教授，因本身是法律系出身的，较偏重有依据、有出处、有典故的传统作品，不喜传统与现代混为一谈，故此题目不列入考虑。我又建议其订“佛教丛林制度新论”为论文重点，提供他一些看法，如有需要我还可以帮忙收集资料，做他的助教。

依法：“师父！干脆请您担任我的指导教授好了，这样我的论文一定很快就可以提出来了。”

我虽没有博士的头衔，但非常愿意成就徒众们都拥有博士头衔！

下午六时正，前往南湾美国国际银行托伦斯分行会议室，主持洛杉矶佛光协会南湾分会的成立大会。大会中授证给会长陈居、副会长唐云龙、秘书黄宏熏及委员等多人。勉会员们以会会友，提升生活层次，并用正见智慧开启人生大道。今日大会约有六百人参加。

休息并不是躲避繁忙的事业；休息的意义是使我们适应工作环境。

——德怀特

五月　二日　　星期日

今天整个上午，都和佛光总会职事们谈话。

下午一时，在西来寺大雄宝殿主持一场近四百人的皈依典礼，发心皈依的美籍、墨西哥籍及越南籍的信众，占了三分之一，其虔诚和如法的佛门仪礼并不亚于华人，每次看到有那么多不同肤色的人皈依，就更加感受到在海外弘传的根基要更扎实。

二时，在西净楼礼堂参加国际佛光会洛杉矶协会及所属十一个分会的会员大会，会中推选国际佛光会洛杉矶协会的干部，分别为——

会　长：吴剑雄

副会长：Fred Webb、黄柏森、张乃彬

秘书长：张幼珠

理　事：吴剑雄、黄柏森、张乃彬、Fred Webb、张幼珠、王建兴、夏铃、赖启安、王仁璐、陈淑卿、高光勃、张马敏妹、韩漪、林炳文、王士良、秦惜今、陈泳在、黄醒民、曾耀斌、Albert Duffy、吴清溪、乔延宝、林泰弘、慧庭、永文

监　事：沈乃宣、洪宪雄、游明辉、罗英男、杨立仁、林秀珠、林瑞祥、依门

洛杉矶协会所属十一个分会督导及新会长，也同时在大会中举行交接典礼，新就任会长及督导分别为——

分会名称	督　导	会　长
哈　岗	黄文兴	林锡勇
蒙　市	谢瑾瑜	刘祖耀
尔　湾	罗英男	陈锡中
罗　岗	陈淑卿	赵林凤
洛　城	黄柏森	梁昆雄
河　滨	王士良	陈爱琳
圣　博	王建兴	丁　琪
圣　塔	林陈雪娥	林周秀子
西　来	C. Hendrick Son.	Albert Duffy
南　湾		陈君
核　桃		赖启安

圣博分会督导王建兴先生，本身经营汽车生意，在大会中向大家报告，其加入佛光会后所得到的种种好处。尤其是在《佛光世纪》刊登广告，有很多顾客找他买汽车，因为觉得他是佛光会的会员，信用一定非常可靠，绝不会欺骗顾客，使得他的业绩节节上升，生意非常好，故特别在会员大会上做个见证。罗岗分会督导陈淑卿律师也表示，她在《佛光世纪》上刊登服务广告，前来找她受理案件者，也都因其为佛光会会员，一定有因果观念，不会欺骗顾客，于是很放心地找她服务，使得陈律师事务所的业务，比以往更忙碌。

其他尚有多人，也分别讲说，自从加入佛光会后，所遇到的种种不可思议的事情，如：菲利蒲公司董事长杨立人先生搭乘东方航空公司班机脱险、王雪凤师姑因着佛光会服而免除被抢等。

大会圆满前，由洛杉矶协会会长吴剑雄先生，代表与会会员大众，向总会宣誓，今后将信守如下规约，以尽会员们的一份责任：

1. 秉承伟大佛陀的教法，加强弘法利生工作。
2. 推动现有的组织成员，扩大社区服务绩效。
3. 运用良好的人际关系，争取组织发展空间。
4. 安排适当的办公场所，方便信众加入会员。

5. 以法师和寺院为顾问中心，普遍结合有心向佛的芸芸群众。

6. 以支援和协调代替领导，充分发挥会员单位的团队精神。

7. 以举办佛学讲座、文教活动，加强佛光会员信众的佛学认知。

8. 以符合组织和会员的需求，建议订定确实可行的良好规章。

到洛杉矶匆匆又过了一个月，台北已有很多行程在等着我，拟订明天下午的班机回佛光山。晚间安排"师徒时间"和徒众们座谈，从平常起居饮食的细节，到上台弘法讲经的考核、未来前途的展望，想到哪，谈到哪，以一种话家常方式，说出彼此的看法、想法及愿望，最后由我总结，提出一些建议：

1. 对英语人才（美籍人士）要重视，因其对西来寺在社区的发展有帮助，是很重要的护法，要将其纳入干部来服务，不同于一般游客或香客。

2. 会广东话的徒众要发心到越南柬埔寨老挝区内弘法开示。

3. 为弘法方便，平常就要自我训练口才，每星期要有一篇报告（读书心得或工作心得），每天要主动找信众讲话，解决其所需或困难。

4. 加强关心寺内活动，每星期于住众会议时，用问卷方式，回答一星期来的寺务情形。

5. 每天至少提出十个问题来自问（不必答案），以训练自己的思想。

6. 拟定一些“注意事项”，大家彼此交换心得，让西来寺的每一个活动，每一项法会，每一场讲座，每一件寺务都非常如法。大家一起拟定一些事项如：

大雄宝殿香灯、早晚课诵、五圣殿、图书馆、西来寺安全、中文学校、环境卫生、朝山会馆、庭园花木、交通保养、禅悦斋、社区联谊、斋堂、行堂、节庆、典座、库房、总机、客堂、与本山来往、请客、人来客往、师兄弟相处、每周会报、上承下达、协助义工、与佛光会来往等注意事项。

五月　三日　　星期一

才清晨六时多，西来寺的停车场早停满车子，来自四面八方的信众，一大早都聚集在西来寺，准备欢迎郝柏村先生的来访。

上午八时二十分，郝先生的座车准时抵西来寺门口，在信众多人的欢迎及沿途簇拥下，先到大雄宝殿礼佛，接着郝先生在丹墀上，面对四百多名信众表示：

“对佛光山在洛杉矶的西来寺仰慕已久，很高兴今天终能如愿以偿，好想多留一会，可惜时间仓促，对大家如此热烈欢迎很感动也很欢喜！热爱国家的侨胞，应该团结在一起，反对分裂国土，希望所有侨胞能以坚定意志和决心，完成我们爱国的愿望，希望我这次来，不只是一个高潮或是一阵旋风。侨胞们立场一定要坚定，为中国的自由、民主、均富而努力，掌握目标，不达目的绝不中止，最后祈求佛菩萨保佑大家。”

郝先生日前在旧金山演讲时，提到“老兵不死，只是凋谢……”，我倒觉得“老兵不但不死，其精神永远在我们心中”。史上最有名的老兵楷模，如：三国时期关云长的赤胆义气、唐朝郭子仪老成谋国、宋朝岳飞的精忠报国等，就因有这些老兵精神，为我们带来了人间正气！

郝先生曾特别支持我到各军中讲演传播佛法种子，足迹遍及三军军团部、三军军官学校、离岛的东沙、兰屿、绿岛、金门、马祖各地。台湾的佛教因郝先生的关系，在传播佛法上，有很大突破。

佛光山在主办国际性会议时（世界佛教徒友谊会第十八届大会），郝先生拨空前来参加，且从大会开始到典礼圆满，甚至到宴会结束后才离开，其诚意和爱护佛教的心，让每一个佛教徒都很感动。

还记得两年前我不慎跌断大腿，当时的郝先生，还专程从台北南下佛光山来探望我！基于郝先生对我个人及对佛教的热忱，我深深的感动在心。今天非常高兴能在西来寺欢迎郝先生，郝先生口才好，英语更好，我跟他开玩笑说：希望郝先生加入我们在外国传教的行列，更希望郝先生的智慧人缘越来越高。

简短地和信众们讲完话后，随即陪同郝先生到五观堂用早餐，主客除郝先生外，尚有随行的公子郝龙斌、郭天佑、赵淦成、黄璐得、随行医师叶子行及华裔太空人王赣骏。陪客有张庆衍、黄诚、华人体育会总干事高启正、国际佛光会世界总会财务长黄柏林、哈岗学区教育委员徐乃星、罗兰学区教育委员 Mary Jo Maxwell、教育局长 Andrew Cazares、副局长 John Kramar、Dr. John Ricke Wald、Joyce

Craig、Barbara Koehler、大专院校联合会理事长李廷亚、荣光会理事钱乐平、秘书李伟光、“中华益壮会”会长汪子清、南加州大专院校联合会会长林俊宏、加州记者联谊会会长韩漪、“中华大专院校”第一副会长陈菲比、第二副会长卢其宇、洛市市长候选人胡绍基先生之令尊胡国栋、加州社团联谊会主任吴剑雄、哈岗华人协会会长游明辉、张国兴、国际佛光会洛杉矶协会副会长张乃彬，及欢迎的信众四百多人，都聚集一堂。

席间很多信众都抢着和郝柏村先生合照，也有人拿着收录郝先生言论的《直言》一书，请郝先生签名留念，郝先生也一一来者不拒，满其所愿。

餐后，陪同郝柏村先生及其随员，以最快速度参观了西来寺佛教文物陈列馆，并简略地为郝先生介绍西来寺开山过程及目前所负的社教功能，郝先生一再赞叹西来寺视野很广，风景很美。在信众们热烈的“佛光照耀着您”歌声中，于山门为郝先生送行，郝先生临别转身向大家挥手时，信众们都高兴地喊着：“郝先生手上有带念珠！”（手珠是我今天送给郝先生的）虽是一串小小的念珠，却代表着西来寺所有信众的心意，希望带给郝先生健康、平安及一切如意。

中午十二时五十五分，搭乘“华航”班机回台，在佛光会服务的茅恺枬小姐，特地送来郝柏村先生上午到西来寺参观的照片，我觉得她很会把握时间，可以想象其做事的用心。

由美回台湾，飞机是逆飞，机程有十五个小时（比平时慢两个小时），是一段很难得的独处时间。

书卷多情似故人，
晨昏忧乐每相亲。

五月　四日　　星期二

昨天下午二时十五分从洛杉矶搭乘“华航”〇〇六班机，于台北时间五月四日晚九时，抵桃园中正机场，心平、依空等多人接机，随即开车回普门寺。

服务于佛光会的徒众及普门寺住众知道我回来了，都争相前来问候，由印度尼西亚回来的宗如、澳洲雪梨回来的永东、巴西回来的道容、非洲回来的慧礼，也夹在人群中，长途飞行的疲倦，似乎在大家的问候声中，清除不少。

由美带回来的郝柏村先生访西来寺照片，大家都想先睹为快。有人表示，终于抢到一则报纸尚未刊载的新闻。宗如、永东、道容都分别向我报告其在当地寺务的推展情形，远在非洲的慧礼，依其在南非一年的见闻，向我简介“南非现况”——

◎**政治**：南非曾经实施四十年种族隔离政策，也因此遭受联合国十八年的经济制裁，于一九九一年才宣布解除。南非政治与军事现在仍在白人政府掌控中，在世界各国舆论制裁下，白人政府不得不走向黑白共治，开始政党谈判，现已进入政治转型期，黑白共治是必然趋势。

◎**地理**：南非在非洲大陆最南端，正是大西洋与印度洋交会点，属古老陆块，没有地震和台风，为高原地形，平均高度海拔一千六百公尺。

◎**交通**：由台北直飞约堡十四个小时，由约堡直飞南美巴西里约只要十二小时，约堡到北美纽约十八小时，约堡到澳洲伯斯十小时，在经济制裁解除后，已形成空中交通要冲，与欧洲、美洲、澳洲、亚洲几乎是等距离的行程。国内交通方面，在全世界排名第三位，全南非汽车总数比整个非洲还要多，德国系列的车子，在南非算是国民车。

◎**景观：**有原始丛林、也有现代文明，有高原也有低地，更有黑白的鲜明对比，是多元化，多重景观的国家。

◎**经济：**十八年的经济制裁，使得景气低迷，外来资金没有进入南非，使得南非的产业控制在大财团手里。移民的就业机会很少，因为黑人所得低，体力又好，就业市场以黑人为优势。但是创业机会很多，在南非投资的台湾厂商有二千八百多家，资本虽非很大，但都能拥有自己的产业。

◎**矿产：**黄金产量占全世界百分七十，金价左右了南非币值。钻石产量世界第一，南非更在非洲国家收购钻石矿，运回南非加工，因此钻石产量一直居于世界第一位。全世界钢铁制造最著名的国家是德国，但是德国钢材矿产铬、锰的主要来源是南非，南非若断绝铬、锰的提供，德国每月将有一百二十万个工人失业。因此，南非提供矿产，德国供应技术，两相交换之下，南非拥有德国的汽车工业技术。

◎**物产：**广大的草原，使得南非的畜牧业兴盛，大面积机械化耕作是南非的农业特征，主要农产：玉米、小麦、高粱、葵花子，水果种类繁多，产量丰盛。

◎**气候：**属暖温带气候，干爽宜人，纬度和澳洲南部相似，阳光照射虽强，但由于是高原地形，若在屋内或树荫下就感觉凉爽。南非在南半球，四季节气与台湾正好相反。

◎**宗教：**白人信仰以基督教、天主教为主，黑人在都会地区的信仰与白人相同，偏远地区则保有巫术的信仰。印度人约一百万人，一般信奉印度教和伊斯兰教。华人分老侨和新侨，老侨已有四五十年移民历史，大都信基督教，新侨则尚保有佛道不分的观念。

◎**民风：**南非的政治、宗教、民情风俗等都非常保守，故显得清纯古朴。

◎**生活：**南非住家都是独栋独院的规划，庭园绿地，树木花草使得居住环境宽松舒适。黑人工资每月斐币三百锾左右（相当新台币三千元左右），因此在南非的生活消费非常低，每天五点下班以后，街道就冷淡下来。一星期上班五天，星期六日处于休假状态。黑人男性修剪花草，女性整理内务，使得白人有着高级生活的享受。

◎**治安：**南非人种多元，景观多重，资源丰饶，潜力雄厚，是个美丽清纯的保守国家。外界的报导则是暴动频传、罢工连连，那是因为南非境内有八个黑人自治区，南非政府已承认其为独立国家，但是联合国不承认其独立，因此，这八个黑人自治区内所发生的暴动，外界报导皆归在南非境内，其实与南非没有关连。南非有台湾的三十四倍大，要碰上暴动场面，并不容易。

五月　五日　　星期三

在《张老师》月刊上，看到一则老师与学生们的对话“我能学到什么?”很值得徒众们深思——

学生问老师：

“学习数学能学到什么?”　“精确!”

“学习文学能学到什么?”　“真诚!”

“学习宗教能学到什么?”　“虔诚!”

“学习历史能学到什么?”　“智慧!”

“学习法律能学到什么?”　“人权!”

“学习经济能学到什么?”　“供需!”

“学习社会能学到什么?”　“和谐!”

“学习美术能学到什么?”　“审美!”

“学习天文能学到什么?”　“远见!”

“学习伦理能学到什么?” “尊重!”
“学习海洋能学到什么?” “包容!”
“学习地理能学到什么?” “开阔!”
“学习政治能学到什么?” “妥协!”
学生又反问老师：“如果我不学呢?” “无知!”

机巧的人轻视学问，浅薄的人惊服学问，聪明的人却能利用学问，所以一个人在为学做人与处事上，必须充实学问，有了学问才会有远见，有远见才能进而力行，常勉徒众们在团体中做事，要能——

1. **要大家能知己知彼知全**：关心我们生活圈附近的社团活动发展，借取经验以纠正自我的缺失或弥补团体的不足，不要关在没有资讯的天地里自高自大。在金钱上尽管不及其他的社团，但诚心、智慧和做事方法，一定要能超越别人，这些皆要依赖知己知彼知全的资讯掌握。

2. **要大家能献智献力献心**：用人就要会选人才，而人才是要三顾茅庐礼请来的，不是自动跑来的，所以吸收人才，成立智囊小组，是社团决策上不可少的组织，一个有用的人才，必定能够献智献力献心。

3. **要大家能明事明理明人**：任何一个想要建立

事功的人，都必须头脑清楚，思虑精纯，对事务要知道来龙去脉，对道理要明白前因后果，对人要能明辨忠佞贤愚，所以明事明理明人最要紧。

4. **要大家能修戒修定修慧**：佛教团体和一般社会团体不同，佛教团体的人员，先要有因果观念、慈悲精神，任劳任怨；这必得每一工作人员，先建立戒定慧的内在修养。

在人生有限生命里，选择以什么方式过一生，依个人意愿而大有不同。古德常云："天下事以勤而废者十之一，以惰而废者十之九"，清人胡澹庵，有一首《勤懒歌》可供给大家参考——

为人在世莫嗜懒，嗜懒之人才智短；
百事由懒做不成，临老噬脐悲已晚。
士而懒，终身布衣不能换；
农而懒，食不充肠衣不暖；
工而懒，积聚万贯成星散。
君不见：
人生天地惟在勤，原勤之本在于心。
若能自强而不息，先须抖擞己精神。
士而勤，万里青云可致身；
农而勤，盈盈仓廪成列陈；

工而勤，巧手超群能动人；
商而勤，腰中常缠十万金。
噫嘻嘻嘻复噫嘻，只在勤兮与懒兮。
丈夫志气撖天地，拟上百尺竿头立；
百尺竿头立不难，一勤天下无难事。

上个月在洛杉矶，得知国际佛光会世界总会副会长严宽祜居士，因心脏病发作而入院医疗，曾嘱心平代我前往慰问。下午回佛光山之前，专程前往福华饭店（严居士出院后，暂住此地疗养）探望严居士。

晚八时四十分，回到佛光山。

五月　六日　　星期四

最近我非常努力撰写《星云百语》，希望把每一句珍贵的话，作为座右铭，现已写至第十六句，看起来要写一百句，实在是很不容易！提到座右铭，东汉书法家崔瑗先生的《百字铭》非常有名，此百字格言，内容道尽修身养性之真髓，此也是东方文化中的首篇座右铭，内容是——

毋道人之短，毋说己之长。
施人宜勿念，受施慎勿忘。
世誉不足慕，唯仁为纪纲。
隐心而后动，谤议庸何伤。
莫使名过实，守愚圣所臧。
在涅贵不缁，暧暧内含光。
柔弱生之徒，老氏戒刚强。
行行鄙夫介，悠悠故难量。
慎言节饮食，知足胜不祥。
行之苟有恒，久久自芬芳。

史上有名的座右铭不少，但刚巧是百字的则不多见，比较为大众熟悉者，有唐太宗李世民的《百字铭》——

耕夫役役，多无隔宿之粮。
织女波波，少有御寒之衣。
日食三餐，当思农夫之苦。
身穿一缕，每念织女之劳。
寸丝千命，匙饭百鞭；

无功受禄，寝食不安。
交有德之朋，绝无益之友。
取本分之财，戒无名之酒。
常怀克己之心，闭却是非之口。
若能依朕所言，富贵功名可久。

我常提醒大家身为主管之要件，要忠贞、有立场、有品格、有能力，能容纳异己，我做了一篇主管要奉守的《百字铭》，勉励大家：

笑在脸上，赞在口上。
怪在心里，气在肚里。
直言有错，气话坏事。
批评无效，猜疑离心。
宽以待人，严以律己。
功归大众，过自承担。
不计得失，不可畏缩。
不能颓丧，不必顽执。
顾全大局，倡导人和。
上下交流，意见一致。
发心服务，遵守诺言。
居安思危，知彼知己。

注意调和，照顾大家。
善用机会，把握人生。
处事幽默，聆听报告。
细心研究，双手合十。

五月　七日　　星期五

天还未亮，就被机器引擎般的蟾蜍叫声吵醒了，索性起来到庭园走一走。隐约中看见围墙旁的荔枝树挂满了熟透的果子，诱人的清香在凉风的伴送下朝我飘来，我情不自禁地闭上眼睛深深地吸了一口，脚下草丛里也传来了“唧唧”的虫鸣声，远比那惊天动地的蟾蜍嘶叫可爱多了。这时，朦胧的天际终于出现了一片鱼肚白，眼前的景物霎时清晰多了。环绕四周，树木苍翠，花儿争妍，红色的小鸟在林梢间快乐地飞来飞去。我来到鱼池边，不一会儿，所有的金鱼统统向我游过来，还不停地围在一起打转。这次从美国回来，才发现开山寮的景致变得好美！

中午要北上，临出门前很想去台南讲堂看一下落成后的情形，于是打电话到台南讲堂，谁知对方竟然叫我不要去，因为那里的法师全部出去做佛事了。车子快到达基隆时，我又打电话至极乐寺，想关心和了解目前寺院重建的进展，结果住持和当家都不在，我只好将车子直驶台北。对于连续遭到两次“拒门而入”，我自己本身不会太介意，但是为了考虑到信徒的需要，我希望所有的别分院以后不要再唱“空城计”，因为我们要时时秉持佛光人的信条———给人服务，给人方便。

傍晚时分来到普门寺，适逢周五的金刚法座会，由于十几年来我都未曾与参加的信徒讲过话，定法师特地来邀请我为他们开示。我自觉是一个乐说不倦的人，尤其是对于讲经说法，从无懈怠之意，为了喜结法缘，也一直忙不胜忙，今天我又很自然地接受了大家的请求。

提起《金刚经》，让我想起一个有关龙袾国师的故事——

明朝的时候，有一位笃信佛教的皇太后去世了，皇帝请全国各地的高僧来皇宫为太后念经超度。当时有一位看似苦恼的出家人在茶房司茶，他看见大家朝皇宫的方向走，也很想跟着去参加法会，可是大家嫌他身上的衣服太破烂了，不肯让他去，为了达到目的，他就为大伙挑东西。直至皇宫门口，其他人都跨过门槛进去了，那个出家人却裹步不前，反而翻了一个跟斗才进去。这时皇帝上前紧拉着他，并称他为高僧。原来昨晚太后托梦给皇帝，告诉他今天会有一位高僧到来，因此，皇帝就在皇宫大门口的门槛下面放了一部《金刚经》，如此测试出这位高僧大德。最后皇帝为了感谢他，问他想要什么，谁知他只要皇帝的裤子和宫里的宝塔。皇帝将裤子脱下来送给他，并答应为他在福州建一座一式一样的宝塔。高僧却说不用，随手就将旁边的宝塔背在身上飞走了。为了纪念这位佚名的高僧，皇帝追封他为“龙裤国师”。

五月　八日　　星期六

今天一大早，我和慈庄、慈惠、慈容，还有吴宝琴师姑等人，特地去“福华”探望上个月因心肌梗塞而入院开刀的国际佛光会世界总会副会长严宽祜居士，目前严居士虽然在养病期间，但是对于个人的修持仍然非常精进，白天除了适当的运动之外，诵经持咒也不放松。更难得的是严居士十分赞叹筹备中的佛光大学，并且认为佛法的弘扬必须先从教育去培养人才，这些看法与我早期办佛学院的理念完全一致，他不但对佛教文化有贡献，对佛教教育也是一位不遗余力的有心人士。

从“福华”回来，即召见佛光会的干部，告诉他们我对“促进社会净化，推行六诫运动”的决心，这六诫就是诫毒品、诫暴力、诫酗酒、诫赌博、诫邪淫、诫抽烟。这净化社会人心的六诫运动，将广泛地在各地推广，我计划先发起全民签名，受持这六诫，然后征求一万名义工，到学校、工厂、机关、团体、家庭去讲说不受持六诫之害。另外以漫画、歌曲、格言的形式来宣导，尤其报纸、电台、电视更要大力推广，希望大家一起来推行六诫。还可以组织证道演说团、刊登公益广告等等，由各个不同的方面，大家齐心协力积极地去进行，相信在每一个人的努力下，我们的社会一定会变得健康、净化。

下午一点半，于佛光文教净土基金会主持第一届第四次董事会。

会议一结束，又来到普门寺与青年会的发心菩萨黄金宝等四十余位干部接心座谈。从大家灿烂的笑容中，我感受到他们内心的真诚和服务的法喜，加上一身整齐的黄色运动服装，更可以体会他们彼此之间的团结与友爱。一向以来，普门寺的青年给我的感觉是最优秀、最发心的，上山读佛学院的人数也是最多，而且大家对佛光山的宗门思想亦最能相应，因此，当我面对着眼前这一群浑身散发着朝气活力的青年菩萨，我的心顿时轻快、雀跃起来。

佛陀的弟子里，阿难陀、罗睺罗、舍利弗、目犍连都是年轻一辈的佼佼者；中国的玄奘大师二十六岁就立下西行取经的伟大志愿；著名的六祖惠能大师开悟时也才只有三十岁，可见“年轻”确实非常重要。因此，我一生都很重视青年，同时也很懂得爱护青年，虽然我今年已经六十七岁，但是与佛光山的弟子比起来，我并不认为自己老，因为我觉得年龄可以增加，思想却不能老化。

下午四时三十分，驱车前往泰山禅净中心主持晚上的皈依典礼。看一下时间还早，又到泰山分会会长朱水旺府上家庭普照。在我印象中，朱会长是位年轻有为的人才，身兼泰山狮子会会长之职，他为了要对泰山有所回馈，毅然毛遂自荐担当佛光会泰山分会会长之重任，在朱会长发心带领下，目前泰山分会会员已增至八百人。

五月　九日　　星期日

晨起，恭诵了一卷《金刚经》，祈愿在母亲节的今天，普天之下所有的妈妈都能幸福、自在！

翻开报纸，一则有趣的统计深深地吸引了我，内容是描述二百九十七位因家庭变故，而暂时安置在别人家的小朋友，形容寄养妈妈的一句话。在幼稚园大班至小学三年级的小朋友当中，出现了无数妙语，令人捧腹大笑。

其中有人形容寄养妈妈像超人，什么都会；有时候寄养妈妈像袋鼠，孩子们躲在袋里好舒服；有的说寄养妈妈像闹钟，每天提醒大朋友们去上学；又说寄养妈妈像母鸡一样细心地照顾、爱护小鸡；更有趣的是有的孩子形容寄养妈妈像无敌金刚和母老虎，不过只要他听话，妈妈就不发威。小学四年级至六年级的学童分别以园丁、护士、天使、灯塔、蜡烛、守护神、老师等来形容寄养妈妈，可能也有一些寄养妈妈管教孩子比较严格，竟然被小朋友们形容为要求多多的训导主任。

到底孩子们心目中的妈妈是什么模样呢？或许各位母亲可以从小朋友的母亲节画像比赛中找到答案。不少的妈妈在作品展示时，惊讶自己在孩子们心中的形象是如此的完美，虽然有些小朋友的笔触并不很纯熟，但是彩笔之间充满了儿童的纯情；并不是所有的小朋友都将妈妈美化，有的小朋友甚至以妈妈生气时的模样作画，画中还加上文字叙述妈妈生气时的可怕，相信这些妈妈看了，一定会对自己平日给孩子们的感受作一番反省。无论如何，有一首童谣最能表现儿童对妈妈的一颗敬爱之心，也就是：

世上只有妈妈好，有妈的孩子像个宝，
投进妈妈的怀抱，幸福享不了！

读报后，约八时三十分，从台北至台南为本山功德主蔡总镇的父亲蔡乞老先生主持告别仪式。蔡总镇是万国制药厂的董事长，也是美国旧金山佛光会的副会长，他和其兄蔡赐松向来对佛光山护持有加，法会活动常常热心参与，全家都是标准的佛光人。

告别式之后，又赶搭十时三十分的班机回台

北，再转车前往竹南镇照南小学礼堂，主持一场座谈会和皈依三宝典礼。一路上，在机上阅读了几则耐人寻味的对话——

◎栽在盆里的昙花说："永恒啊！你在哪里？"

"你在叫我吗？""刹那"回答："我本名叫刹那，不过人们老爱说我是永恒。"

◎人们常常希望去的天堂说："执迷的人常误以为我是地狱。"

地狱听了，就说："开悟的人却把我当作天堂。"

◎钞票自豪地对肚皮说："有了我，你们就能满足！"

肚皮却不屑一顾地答道："依我看，面子才真正需要你！"

◎啄木鸟对树讲道："感谢你每天提供食物给我。"

树也说："感谢你每天出诊替我除掉病虫。"

◎听到人生在感慨："人生就像是一个舞台，无论扮演的是什么角色，总有下台的时候。"

舞台就说："舞台也是个人生，无论上台扮演什么，总要演得逼真！"

◎有一位老师问学生："你有三个苹果，吃掉了一个，还剩几个？”

学生赶紧回答：“还有三个！外面两个，肚子里一个。”

五月　十日　　星期一

早上拉开百叶窗帘的时候，发现窗台上有一盆清翠碧绿的文竹，虽然被置放在一个小小的角落里，但是幽雅的韵致却深深地引起了我的注意，我觉得文竹虽然没有牡丹的娇艳，也没有桂花的溢香，可是我很欣赏它的那份潇洒与脱俗。你看！文竹真是特别，它的每根叶脉上长的不是一片叶子，而是许许多多的小绒刺，纤细的绒刺像一根根兔毛，软绵绵的，一点也不棘手。远远地看这些和叶脉组成的叶子，犹如一小块一小块雅致的小绒毯。靠近一点，这些叶子似乎又成了夏天人们手中摇摆的小扇子。文竹看起来又好像一棵变小了的松树，但是一点儿也不失松树那淡泊坚忍的性格。其实，我们也应该像文竹一样，不必去追求华丽的外表，本分地做好一个出家人，从清淡素雅的生活中，不是一样可以找到我们自己所向往的天空吗？

每次上来台北，行程总是被排得密密麻麻。像今天从一大早开始，访客就接二连三地一直不断。首先洪启嵩来跟我说，他可以在学部发心教授五门课程，分别是——

1. 禅定学	八十小时
2. 禅学思想史	八十小时
3. 佛法次第	八十小时
4. 菩萨学	四十小时
5. 佛经导论	四十小时

对于洪老师的这份诚意，我表示感谢。

随后，又与陈正博、陈宏田两位建筑师商讨重建安国寺的设计与规划。安国寺地势特殊，可以远眺整个大台北，周遭山峦绵延起伏，四季气候清凉干爽，再加上快捷便利的交通，称得上是繁华喧嚣都市中的一块净土。重建后的安国寺，除了保有寺院的基本设施，其最大的特色是在原有的大雄宝殿上面建一座挑空的庭园，前方还设有室外礼拜的广场，后面也有一条采光用的庭园步道，直达巨大的花园水池凉亭，可提供各种活动的空间。期盼在不久的将来，安国寺能成为国际性佛教文化、资讯交流的场所，以及学佛参禅的修持中心。

紧接着，会晤了钟荣吉先生、圆光佛学院秘书性运法师、郑碧云师姑的妹妹郑碧华律师等人。

晚上七时整，陈履安先生来到了佛光协会。在两个半小时的畅谈中，陈先生告诉我，他曾经多次参加禅七和礼拜梁皇宝忏，在两个月之内，看完了浩瀚如大海的《大般若经》，在研读《华严经》方面，也甚有心得，此外，每天打坐二至六小时更是他必定的功课。对于陈先生在繁忙的公务中能如此精进不懈，我深感钦佩。至于在佛法的体认和见解上，陈先生始终觉得学佛并不一定是为了自己，因为自己与众生是一体的，学佛应抱有实实在在的态度，真正在生活中修行才不算虚晃此生。最后，陈先生以佛法、修持、度众作为走上人间行菩萨道的三大原则，这种牺牲奉献的无我精神，实在值得我们学习。

五月　十一日　　星期二

昨天心定法师为北海男众学部的同学向我请命，希望我今天能拨出一些时间去为他们开示。上午八时，我先至基隆了解目前《普门》杂志社的工作情况，并巡视了极乐寺重建中的工程，之后就直接驱车前往石门北海道场。

由于这次是我今年第一次上北海，大家接到消息后，顿时沸腾起来，上至男众学部院长心定、副院长兼北海道场住持慧传、当家慧义以至下面每一位职事、同学都显得异常兴奋。同学们还特地准备了一桌色香味美的素菜请我们品尝呢！从大家的笑容和热忱的服务中，我看到了这所全是男众，也是台湾男众最多的道场，四年来默默耕耘的成果。尤其是研究部的慧宽、慧证、慧运、慧堃、慧聪和吴明彦六位研究部的同学，他们在道业和学业各方面的杰出表现，都让我感到非常欣慰。另外，慧深、慧渊、慧宽、慧勋、苏仁义、吴俊德、谢周利、林光焕、王定国、许国俊等十位同学，首度参与《慧炬》杂志社举办的专题论文和心得写作比赛，十人均以优异成绩录取，得奖率高达百分之百，而且更荣获专题论文及心得写作等双项首奖，占总得奖名额的六分之一，真是可喜可贺！回想我自己这一生，读书从来没有领过奖，也没有人鼓励我去好好念书，假如当时我能够得到一个奖项，我一定会更心甘情愿地在写作方面全心奉献！

这时，慧传递给我一本五月份刚出版的《北海双月刊》，精美的制作，确实可以体会到大家的那份用心和才华。慧传又告诉我，该杂志从策划、起稿、打字、校稿、美工以及排版，皆出自同学们的集体创作，看来北海的男众并没有使我失望。

在同学们的围绕下，来到了凉风习习的山门口，面对着辽阔的视野，我想到同学们要有力量，才能在深山的北海安度未来的岁月，因为有力量才能经得起风霜雨雪，有力量才能去除无明烦恼，有力量才能解决人我是非。世界上，无论任何事物，有力量才有未来。同样，北海也是个考验同学们力量的地方。什么是力量？我以三点告诉大家——

1. **安住身心是我们的力量：**能够安住北海学院就有力量。对早起，我们要欢喜；对素食，我们要接受；对课诵，我们更加要如法。因为没有安住的力量，即使在天堂或在净土，也无法心生欢喜。

2. **发心耐烦是我们的力量：**世间上的挫折、顺逆境都会令人感到无所适从，要快乐地生活下去，发心很重要，耐烦很重要。不要因人家的一句话、事情多做一点，或者是功课紧张，我就不欢喜。要知道，深山里的木材才能成为栋梁，人才的培养也是需要有长久的时间啊！

3. **自在肯定是我们的力量**：在修行的过程中，自在是我们的目标，肯定是我们的当然。金钱、名利对我们来说并不重要，从淡泊中也可以产生祥和安乐，大家不要轻易地被一句话、一件事击倒。在北海，我们要以佛法为信仰的力量，以修行为安住的力量，以度众为发菩提心的力量！在这里，我希望每一届的毕业典礼都能看到大家熟悉的面孔，更殷切地期盼地灵人杰的北海，能孕育出更多优秀的人才！

五月　十二日　　星期三

以史为鉴——

◎魏将乐羊去攻打中山国时，他的儿子被中山国的人抓去，有部属向乐羊报告："将军！中山国君把令公子煮死，做成肉羹，还送一碗要给您吃。"

乐羊："待我把这碗肉羹喝完，再出兵把中山踏平。"

国君魏文侯知道后，非常欣慰，逢人就说："乐羊为了忠于我的缘故，而吃他儿子的肉。"

但也有人批评道："连儿子的肉都敢吃，还有谁的肉不敢吃？"

乐羊灭了中山国回来，文侯虽然奖赏了他的功劳，但却怀疑他的忠诚了。

◎孟孙打猎时，获得一只小鹿，很高兴的要秦西巴把小鹿先带回宫。母鹿悲啼的一直跟在后面，秦西巴不忍心便把小鹿还给母鹿。

孟孙回到宫里："我的猎物小鹿呢？"

秦西巴："母鹿一路悲啼，我实在不忍，就把小鹿放回去了。"

孟孙："你好大胆子，竟敢自作主张放了小鹿！"于是就把秦西巴赶走。

三个月后，孟孙却礼请秦西巴做他儿子的老师，有人不解问道："以前你要惩罚他，现在又用他做你儿子的老师，是何道理？"

孟孙："秦西巴连小鹿都不忍心其受苦，怎会忍心让我的儿子受苦？故我很放心的把儿子交给他。"

◎晋文公进餐时，看到菜肴上黏着一根头发，很生气的把厨子叫来："你想噎死我吗？为什么菜上有头发？"

厨子："属下罪该万死，犯了很严重的错误：

1. 我把菜刀磨得锐利如同干将，但却只切断肉，没有切断头发，是我犯的第一个错误。

2. 我把菜肴放在火中烤，却没有看到头发，是我犯的第二个错误。

3. 炉火那么旺，菜肉都烤熟了，头发却没有烧掉，是我犯的第三个错误。

可是，周围的人都不提醒我，指正我，让我犯了错！"

晋文公："对不起！我知道是怎么回事了！"

◎薛公田娄做齐国的宰相，齐威王夫人去世，宫中有十位姬妾都受威王宠爱。田娄想知道威王到底要立哪一位姬妾做夫人，于是就送了十副耳环给威王，其中有一副是特别漂亮的。

第二天，田娄就默视哪一位姬妾带那副最漂亮的耳环，便劝说威王立她做夫人。

威王高兴的说道："你的观点和我的看法相同。"

自此，田娄就随时能猜度君王意向，进而作威作福。

◎唐时，吕洞宾向汉钟离学习点金术，有一天，吕洞宾问汉钟离道："因点金术而变成的黄金，会不会还原?"

汉钟离："要经过五百年后，才会回复原来的石头或铁。"

吕洞宾听后，说道："如果是这样，岂不害了五百年后的人吗？我想还是不学点金术好了。"

汉钟离赞叹道："修道成仙要累积三千年的功行，就凭您这一句话，三千年的功德就已经圆满了。"

《五苦章句经》云："心取地狱，心取饿鬼，心取畜生，心取天人"，说明三途六道都取决于人心一念，故"心"才是学道者要用心观照的。

五月　十三日　　星期四

"佛光山修持中心"内的大禅堂，这几天正在做内部隔间的工程，心平、心定及负责工程的依宽，对此装潢工程都非常用心，一再查资料考据，以期禅堂内一座一垫，都能保留丛林禅堂的风范，今天特邀请我到现场，提供一些建议。一般在丛林中——

"禅堂"，是供给禅者参禅打坐的场所，对外是不开放的。禅堂建筑通常长有六丈或十丈，宽四丈至八丈等，不过依参禅人数的多寡而有不同，也有些是供给短期精进禅坐的禅堂，或只容一个人的陋室小房子，乃至僻远山洞也是打坐好场所。

禅堂设备是封闭式的，不设窗户（主要是让参禅的人，能集中心念，不随着窗外景物起分别妄念），其四周虽非高墙，但也一样封闭，主要是不让外界的污染、妄想、烦恼、过去的回忆带入禅堂，好好安身的在心上下功夫。

禅堂通常有两个门，正门写着“正法眼藏”，后门通称“方便门”，供禅者盥洗方便之用。

打坐时，要将禅门的帘子放下来，帘子一放下来，就不可以进出走动或有声音，尤其是止静板一敲，世界好像一下子就静下来了，在寂静的气氛下，最易令人感受到禅的气息。

佛光山的禅净法堂，不仅设备传统，使用上更具有现代的方便性，是一处非常标准的“禅堂”。

员林讲堂的永范，今陪同信众陈张雅娃小姐上山请益佛法，谈及其学佛受戒的修持生活，“戒”的受持主要在于“清净”、“不清净”的程度，尤其受菩萨戒时，更重在菩提心，退心时，可以再受（如衣服上有污点时，可以用水清洗，不必整件衣服都舍弃)。布施时，要看自己的能力，在不自苦不自恼下量入而为。我一向主张正当的经济生活，应该是：“一分施悲敬，二分不时需，三分生活用，四分作生意。”

陈张雅娃小姐告辞时，对我表示：“师父！您的佛法让人没有压力，这个可以做，那个照着办，让人的思想有发展空间，在相印中自然蕴孕一股法喜。以前我听到的都是这不可、那不准，这也不对，那也不行，好像我一入佛门，就一无是处。师父今天的开示，不仅给我信心、给我欢喜、给我希望，最主要的是今后我对修持不再裹足不前，学佛是一件非常方便的事，生活中随时随地都可以修行。”

一位署名圆澄的在家弟子，信上写着：“每次看到《普门》杂志里师父的日记，均感到师父为佛法在陆、海、空中奔波，弟子每思及此事，内心都非常感动，随函寄上一支小按摩器，希望能替师父消除一些疲劳。”

我很想回一封信给这位圆澄居士，谢谢他的好意，奈何信上没有留下住址，颇感遗憾。我很希望和我写信的信众、皈依弟子，至少能留个电话号码给我，大家都能体谅我的忙碌而不用我回信，但不管再怎么忙，抽空打个电话给大家，是可以做到的。我很欢喜接到信众们的来信。

隆情厚意，无相供养，此诚心不可不知。
远道来山，示法示喜，此宗要不可不明。
清晨诵经，深夜参禅，此功夫不可不做。
为众祝福，为人回向，此心意不可不表。
弘法利生，高竖法幢，此愿心不可不发。
勤俭简朴，淡泊无求，此法味不可不尝。
庭院经行，看树赏花，此闲情不可不提。
随缘赴请，随心作务，此自在不可不行。

五月　十四日　　星期五

统一企业公司董事长吴修齐夫妇，和其公子吴威德先生上午来访。

吴威德先生本月下旬，将和高雄陈启川先生孙女陈怡慈小姐举行婚礼，吴董事长今天专程上山，请我届时替这对新人福证。我当然乐于成全，特书“才子佳人”喜幛，为吴威德先生和陈怡慈小姐祝贺。

嘉义狮子会六周年庆，将出版纪念特刊，请我写几句祝贺的话，内容如下：

嘉义狮子会授证六周年纪念——

嘉义狮子会，喜事庆祥瑞。
授证六周年，大众感恩惠。
狮兄与狮姊，惺惺互相惜。
发心加服务，人间共和气。

国际佛光会星云敬贺

就读日文佛学班的觉源，不仅能写得一手好毛笔字，其裱褙的功夫，更是一绝，日前他恭书《大悲忏仪合节》经文，并自行裱褙装订送给我，比一般印刷厂的印刷装订还要精致，难为他这份用心。附带的信上提到：

弟子觉源已接到常住派令，将前往日本东京别院服务，心中真有说不出的感激与欢喜，今天因为我是星云大师的弟子，才能有这个机会前往日本学习；今天由于我是佛光山徒众，才能有承担这个职务的机缘；只因我是众中一份子，才能拥有这份喜悦！

感谢师父上人及院长、师长们，这三年来的教诲与栽培，虽然仍觉学有不足，但是，我发愿：我能承担。请师父您放心（虽然我学得慢，但我对自己有信心）。

这本《大悲忏》本是弟子亲手恭书装裱的，在赴日之际，敬呈师父上人，以表达弟子对师父、常住无尽的感恩，并向师父告假……

另一封信是来自花莲黄英吉校长的信函——

师父上人慈鉴：

日昨接到按月寄来的《普门》杂志，在办公室就迫不及待展读“星云日记”，只因真的很想享受一下与师父交心的喜悦。

当看到三月十五日这一天的日记，文中对徒儿的爱护赞美，如何敢当，尤其看到称徒儿一声“爱徒”时，内心之激动令我久久趺坐沉思，回想自己二十年的私校办学，若不是追随着师父，若不是具有佛光山精神，若不是怀着缘分、慈悲、因果、无常的佛教观，徒儿之办学理念及人生处事又如何能如源头活水，生生不息，又如何能带领四维高中走上康庄大道。

永远记得那天晚上，师父要徒儿一起参加师徒会时，内心的感动及温馨，至今还在。当晚的聚会，严格说来是“家庭会议”，是“内部会议”，师父那么自然要徒儿参加，要徒儿发言，原来师父一直没有把徒儿当作外人，原来徒儿就是佛光人，才会每次回佛光山就像回家一样，那么自然那么亲切，连吃朝山会馆的面，都觉得有家的味道。

师父也许不知，“星云日记”一直是徒儿与师父每月交心的桥梁，从师父每日的行事之中，徒儿得到教法启示源源不绝，在此徒儿由衷虔诚的合掌说一声：师父，谢谢您。

谨祈

慈安

徒儿　黄英吉顶礼

五月　十五日　　星期六

报载：国泰综合医院营养组李惠蓉等，在台湾营养学会中指出，由于宗教信仰与健康的理由，近年来台湾素食人数大为增加，鉴于错误的素食观念，台湾素食者在钙及维生素 B_2 的摄取有明显不足的现象，学者们呼吁正确的素食观念应每天喝牛奶，或给予维生素及矿物质补充剂。

调查者发现素食者常吃的食物有水果、豆包、豆腐、豆干、豆皮、牛奶、马铃薯、香菇、面肠及豆肠。所以营养学者建议，素食者应建立正确素食观念——

1. 每天喝牛奶，若不喝牛奶则考虑食用维生素、矿物质补充剂。

2. 主食以全谷类为主。

3. 豆类及其制品与谷类一起食用，以达胺基酸互补作用。

4. 食物种类多做变化，主食类、豆制品、蔬菜类、水果类、油脂类应均衡摄取。

很多人认为素食有益健康而改吃素食，但如果素食观念错误或不会调配，也会造成营养不良，有正确的素食饮食才能有良好的营养状态。

“《中国时报》”刊载——

对警方曾禁止员警佩戴佛珠及金项链等规定，宜兰县警察局督察长欧木标认为，在执行时应以沟通劝导为主，避免以处罚为手段，并强调县内若有员警因戴佛珠被处分者可向他提出申诉。

欧督察长表示，他不但从不禁止员警戴佛珠，事实上他自己也戴了两年的手腕型佛珠。而这串佛珠曾帮他建立起良好的警民关系，有一回他到市场查一件案子，该处摊贩本来对他很冷漠，后来有一位老妪见他手上戴着佛珠，才很亲切地和他寒暄，而众人也开始和他交谈，因而获得一些很重要的线索。

欧木标督察长强调，员警只要不戴那种钻石做的，每串数十百万元的佛珠，警方是不便干涉的。

晚上七时三十分在彰化讲堂，为八百多名信众主持一场皈依典礼，勉大家皈依主要是在发掘我们自我成佛的“性能”，而不要在三途六道中迷惘流失——

昔时，南阳慧忠国师为感念侍者替他服务了三十年，想有所报答，助他开悟。

有一天，慧忠国师对着侍者呼叫道：“佛祖！”

侍者茫然以对，并没有回答，仍继续手边工作。

慧忠国师忍不住又叫道：“佛祖！佛祖！”

侍者：“国师！您叫谁呀！”

慧忠：“叫你呀，佛祖！”

侍者：“国师！我是侍者，不是佛祖呀！”

慧忠："是你辜负我，不是我辜负你！"

每个人都有成佛的可能，问题在于你肯不肯承担。能直下承担自己是佛者，即可自省：佛祖抽烟吗？佛祖喝酒吗？佛祖妄语吗？佛祖打人吗？能有这一层认识，就是发心皈依所得到最具体的利益。更期望中年人至少要参加八关斋戒或短期出家，年轻人除参加夏令营外，也能到佛学院体验一下出家人的生活，让自我在性灵修持上，多熏习一些宗教情操。

晚十时，安单于东海道场。

佛陀的工作

佛陀每天以般若智慧的犁，
耕种一切众生的福田，
播撒菩提的种子，
结出人天众生的果实。

1993 年
5 月 16 日—5 月 31 日

精华语录

◎禅，是一种艺术生活；禅，更是一种圆融生命，是自然天成的本来面目。

◎以一时所见论定一个人，并不全然客观。一个人的生活动态，不能以一时为准，不但看人，还要看事、看行、看心才好。

◎在还没有能力回馈反哺之恩时，应有“责任”好好照顾自己的身体，保其平安，那就是孝顺了。

◎浴佛就是净心，心清净即能见到佛陀的法身。

◎佛教是个讲“无缘大慈、同体大悲”的慈悲之教，唯有无我观和平等心，才能消除斗争。

◎只要有理念，就能被人所接受；只要有人信仰，就会有发展。

◎如何调和乱象？在这佛魔、善恶、黑白各属一半一半的世界，除了彼此包容、协调外，能中道处理事情，则为良策。

◎只要能给众生正见、正觉以及幸福、安乐，就是最完美的佛教。

◎要规划人生，对自我因缘、环境、条件都必须注意。期望每一个人都能拥有慈悲欢喜、智慧灵巧、优闲自在、幽默风趣、服务奉献、忍耐宽容的人生。能如桥予人方便，如水予人解渴，如树予人乘凉，如一根蜡烛予人光明，如一片大地普载大众。

五月　十六日　　星期日

今天是国际佛光日，海内外各地区分会，都举办各项活动来庆祝，如：环保运动、登山、捐血、友爱服务、健行、写生、朝山、寺院参访、儿童说故事、亲子园游会等。钟荣吉先生也以快递信函申贺“国际佛光日”，非常谢谢钟先生的鼓励。

“国际佛光会”成立，今天刚好满周年，世界各地信众都非常护持，如何争取“国际佛光日成为全台湾的公休日”是今后佛光会员们一致努力的目标。

九时，前往台中殡仪馆，为洪昭男先生的父亲洪华老先生上香、诵经。

太府关系企业陈立兴董事长、维力食品公司张登旺董事长、沈雪峰先生、名演员杨庆煌先生等多人，中午不约而同先后抵东海道场。大家就生活中所遇到的问题，请我用佛法开示。如：“如何把佛法融入生活中？”“应无所住？”“如何才是如法的事业？”“受戒与没有受戒最大的分别？”……

因演电视剧《再世情缘》里的玉琳国师，而颇受观众喜爱的杨庆煌先生，这几天刚好在台中联美做秀，特别抽空到东海道场来礼佛，其“法相”比在拍玉琳国师时更有气质。

维力公司的张登旺董事长，今天又送来好几箱“素清香油”供养我。近一年来，每隔一段日子，张董事长都会送素清香油到普门寺要供养我，不巧的是我都没有机缘好当面谢谢他，这一次总算可以表达我的谢意，尤其是对我健康的关心。

下午二时，在台中文化中心文英馆主持佛光会中区宝幢分会等六个分会的成立大会。前来观礼的贵宾有许水德、沈智慧、台中市长林柏榕、林郭月琴夫妇、《台湾日报》总经理张笃弘、龙井乡代表会王印宏、张国威、维力食品公司董事长张登旺、廖思怡夫妇等。

许水德先生在大会中致辞道：“国际佛光会东京协会在日本成立时，那时我人还在日本，深感有佛光会的地方，工作起来似乎很顺心，希望佛光会会员们，能带动社区活动，来发挥我们的佛心，来净化我们的社会。”

台中市长林柏榕先生致辞时说：“从早上到刚才，我先后赶了十三场的告别式，对人生的无常感触最深。”

可怜的地方首长，为了选举的人情债，这么的辛苦生活。难怪林夫人多年前就要我建议林市长，应该要有正常的休假。在佛教里，休息也是精进的力量。

会中分别授证给六个分会——

分会名称	会　长	副会长	秘　书
宝幢分会	陈志鸿	庄景清、林添金	李淑美
东山分会	程信森	蔡秀月、郭建齐、廖汉平	张邦雄
中度分会	王淑美	吴爽、王速、陈和米	侯丽弘
龙井分会	陈清海	何胜得、李芳顺、陈文明	陈享礼
集集分会	郑丽华	张秀琴、孙赵秀琴、李碧娇	李梨雪
中寮分会	张明智	谢胜雄、廖本栋、林宝贞	萧文宫

四时，离开台中文化中心北上，例假日的高速公路实在行不得也，现代的司机除了要具备优良的驾驶技术外，体力与耐心也不可少。看看手表，永和禅净中心信众们七时三十分的座谈会，时间将到，我才车行到杨梅，赶快打电话给普门寺的心定法师，请他先去代我主持一下。

八时四十分，抵禅净中心，在佛光会永和分会督导张慈莲、会长陈垂仁的接待下，只见禅净中心共修的信众，把佛堂挤得水泄不通，每一个人真的只能占一席之地，开示时大家听闻的专注、欢喜的神情、不绝的掌声、不瞬的眼神，令人感动。只要在行程上不冲突，日后类似此种聚会，我一定都会参加。

十一时，回到普门寺安单。

五月　十七日　　星期一

上午，前往福华饭店探望养病中的严宽祜居士，适逢严居士去医院复检，没有遇到，只好留下名片，题上问候之意并祝其早日康复。

今日在佛光会分别会见多位信徒及美国回来的刘秋岳先生、国际佛光会温哥华协会会长赵翠慧小姐、日本东京协会会长西原佑一等。

只笔可扫千军，报纸是世界的镜子。一项以“素食谈禅”为题的座谈会，于下午五时，在普门寺会议厅举行，接受我邀请而出席的贵宾有“中国新闻学会”理监事、顾问、新闻业等负责人士，如——

“中国新闻协会”理事长楚崧秋、秘书长羊汝德、副秘书长彭麒。

“《国语日报》”总经理齐家珉、经理黄金涂、总务主任袁张荣。

“《中华日报》”董事长甘毓龙、社长詹天性、副社长陈德仁。

《新生报》董事长罗森栋、社长周光斗。

《联合报》社长杨选堂、副总编辑高惠宇。

“《中央日报》”董事长庄怀义、主任秘书李在敬、国际版总编辑胡有瑞。

“《中国时报》”前社长杨乃藩、总管理处臧远候。

“中视公司”董事长高育仁、总经理朱宗轲、主任秘书吴东权。

《财经时报》副社长袁睽九。

《青年日报》社长陈雰。

《台湾日报》社长万德群。

《自由时报》社长颜文闩。

“中广公司”总经理李祖源、高雄台许良雄。

“中央通讯社”前董事长黄天才、副社长蒋震。

正声广播公司总经理涂大成。

新闻党部书记长严重则。

“中央文工会”副主任郑贞铭。

台湾大学新闻研究所所长张锦华。

政大传播学院院长潘家庆。

政战学校新闻系主任刘新白、教授林大椿。

铭传管理学院教授张凯元。

艺专广播电视科主任曾连荣。

“《英文中国邮报》”社长黄致祥。

教主佛陀可算是新闻传播界的先驱，佛门提倡的书写、施他、谛听、披读、受持、开演、讽诵、思惟、修习乃至《金刚经》所提倡的受持四句偈胜过恒河沙的供养、佛陀出广长舌相音声可传遍三千大千世界，都是一种传播功用。

佛陀在理论上将慈悲、欢喜散播给人，从事宗教工作者，也依此理念来带动社会的和谐，尤其是“禅”的传播，更开拓了人们的思想领域。如果能在生活中加上一点禅味、禅趣、禅机，人生的境界就别有一番天地了。

生活在忙碌、紧张、动荡、纷乱的今日社会，必须寻找一股安定我们浮躁心灵的力量；禅，无疑是祛除我们心中焦虑疑惧的力量；禅，是安住我们身心的一剂清凉散。禅里有智慧、有幽默、有慈悲；禅可以把我们的妄想烦恼止于无形，一句难堪的话，一个尴尬的场面，不悦的前尘往事，在禅的洒脱、幽默、勘破、逍遥之中，一切都能烟消云散。

禅，是一种艺术生活；禅，更是一种圆融生命，是自然天成的本来面目，禅，非仅寺院所有；禅，是我们每一个人的心，人人具足的。

新闻界人士的触角是最敏锐的，座谈时大家所提出来的问题，都颇具代表性，关心国家大事、世界政局、社会脱序等。然问题症结非制度问题，大都是人为关系。如何调和乱象？在这佛魔、善恶、黑白各属一半一半的世界，除了彼此包容、协调外，能中道处理事情，则为良策。

五月　十八日　　星期二

为佛光大学建校工程事宜，上午在心平及洪冬桂、潘维刚、台北法院庭长林富村等一行人陪同下，前往中兴工程公司听取其对校地地基的简介报告，中兴工程公司总经理谢季寿、协理郭旭辉、张吉佐、林功位等多人，也在现场协助说明。

我对“佛光大学”未来的期许是一座林园化的

大学城，从幼稚园、小学、初中、高中、大学、研究所，一系列的求学阶段，在佛光大学内就能完成。教育事业非工商投资，是一种理想和抱负，尽管离目标还有一段距离，但在信众们的支持及社会有心人士赞助下，我虽没有钱，却有信心毅力要完成它，更何况创办大学是佛光山弟子的使命和任务，只是时间迟早的问题。

服务于荣总的李武彦（慈照），将在下个月退休，计划和友人合资，在三重市开设“福人护理安养复建中心”，下午抽空前去普照。慈照个性乐善不倦且热心主动，相信这所安养中心，能让他服务更多的人。

大声先生今来访，特别提及柏杨先生请他转话给我。

柏杨说，有位法师，因看不懂一本佛经，想请柏杨翻译成白话文。柏杨以前见过这位法师，对其印象是眼神有光，带点灵气，但这次见面，刚好碰到很多信徒对法师恭敬跪拜，而法师却是一副傲慢的姿态，眼神散漫，不谈佛法，只说一些恭维的话。一个人若被权势名位冲昏了头，会自我陶醉，忘了身在何处，不免迷失了自己。柏杨先生一再申明，他的感想一定要让我知道。

感谢柏杨先生要人带话给我，好意提醒我，不可被声名利益冲昏了头，真谢谢他的好意。

但我对柏杨先生也有所酬答：以一时所见论定一个人，并不全然客观。一个人的生活动态，不能以一时为准，不但看人，还要看事、看行、看心才好。

今天在报上看到几则新闻，让人很关心：

◎大台北地区的计程车资调整，由于新表尚未检定，致使计程车资有三种版本，乘客无所适从。

◎有两辆警车在高速公路值勤时，不幸互相追撞，上级指示以后警车车速不可超过五十公里。如此一来，在紧急状况时，如何办案？

◎高雄大寮乡公所，因几次会议，常有肢体动作的场面，为安全起见，乡公所发给每位职员一根木棍以自卫。真是你有政策，我有对策。

◎据一份由美国一百二十五家企业主管所提供的资料显示，目前企业界中，能让老板赏识的条件，依序是——

1. 具有团队精神
2. 可交付办事者
3. 负责任者
4. 具绝佳工作能力者
5. 适应能力强者

6. 自动自发做事者

7. 有人缘者

晚七点半，在普门寺主持一场一千五百名信众的皈依典礼。

躺在床上，脑海中忽然兴起一些念头：

半间屋，六尺床，虽不宽广，却也平坦。
棉作团，布作被，日间可坐，夜间可睡。
椅一张，桌一个，稿纸满堆，经书满橱。
不求全，不贪满，得失不计，问心无愧。
闲便去，忙便来，地球村人，佛光自在。

五月　十九日　　星期三

中午由台北回佛光山时，得知陈履安夫人来山，她为了举办“花展”，特地来作一些研究。

陈夫人衣着朴雅，给人第一个印象就是端庄娴淑，平常除热心公益事业外，对佛法的修持也很精进，几次的花艺展中，让她体悟到“花”在佛法中也有其意境，如：“拈花微笑”、“百鸟衔花”、

“天女散花”、“梦幻空华”、“妙法莲华”、“莲华藏世界”、“一花开五叶”、“镜花水月”乃至“南泉庭前花”，都使花的精神更加提升，故陈夫人专程上山来收集一些资料，希望在下一次的花艺展中，更具创意及禅味。

花，在佛门称之为“华”，献于佛、菩萨前称为“献花”，将花散布则称为“散华”。花之供养为佛门仪式之一，尤其密教修法中，花更是重要供养之一。

中国人对花的想法不是人格化，就是神话，所以古德在赏花时，并不完全只注意到花的颜色、形状和芬芳，还特别注重花的气质和精神，把高洁的玉兰花称为花之伯夷；把倾心向日的向日葵称为花之伊尹；把污泥不染的莲花称为花之柳下惠；把色泽艳丽无比的牡丹称为人间富贵花。

明宣宗曾题了一首《百花诗》，字里行间充分表现了花期中官民同乐的情景。花的美丽、花的芬芳、花的色彩、花的应时，人儿哪有花儿好？

程羽文在他所著的《百花历》中研究考证，每个月开花的植物，并不只限于一种，所以称之为“百花”。若将十二个月内不同月份所开的花种在庭园里，便可以不用月历，而明确知道一年的时序，

《百花历》的内容是——

正月兰蕙芳，瑞香烈，樱桃始葩，径草绿，迎春初放，百花萌动。

二月桃夭，玉兰解，紫荆繁，杏花饰靥，梨花溶，李花白。

三月蔷薇蔓，木笔书空，棣萼韡韡，杨入大水为萍，海棠睡，绣球落。

四月牡丹王，芍药相于阶，丽春花，木香上升，杜鹃归，荼蘼梦。

五月榴花照眼，萱比乡，夜合始交，檐葡有香，锦葵开，山丹赪。

六月桐花馥，菡萏为莲，茉莉来宾，凌霄结，凤仙降于庭，鸡冠环户。

七月葵倾赤，玉簪搔头，紫薇浸月，木槿朝荣，蓼花红，菱花乃实。

八月槐花黄，桂香飘，断肠始娇，白蘋开，金钱夜落，丁香紫。

九月兰有英，芙蓉冷，汉宫秋老，菱荷化为衣，橙橘登，山药乳。

十月木叶脱，芳草化为薪，苔枯，芦始荻，朝菌歇，花脏不见。

十一月焦花红，枇杷蕊，松柏秀，蜂蝶蛰，剪彩时行，花信风至。

十二月腊梅坼，茗花发，水仙页冰，梅青绽，山茶灼，雪花大出。

此《百花历》把一年好花，如数家珍的列出来，对有心于园艺工作者，是很好的参考资料。

君看叶里花，能得几时好？
今日畏人攀，明朝待谁扫？
可怜娇艳情，年多转成老。
将世比于花，红颜岂长保。

花如人生，人生如花，易凋易谢。花最能表现人生无常的百态，值得一参！

去年今日此门中，人面桃花相映红。
人面不知何处去？桃花依旧笑春风。

五月　二十日　　星期四

最近常在各处讲说规划生涯的问题。

依照一定的程序和计划来生活，似乎是现代人们生活的方式，不管任何行业，任何阶级，大家都很用心的在做“生涯规划”。在佛门中则不时提醒我们要规划人生，如：自利利人、自觉觉人、自度度他、行解并重、福慧双修、“菩萨五十一个阶位循序”、“五乘共法从人到佛”、“五年学戒，五年苦行，方准听教参禅”……这都是佛门修道者的人生规划。

孔子的人生规划是：十五志于学，三十而立，四十而不惑，五十而知天命，六十而耳顺，七十从心所欲不逾矩，这就是儒家的生涯规划。或者以格物、致知、正心、诚意、修身、齐家、治国、平天下的层次来规划人生；或以立德、立言、立功来规划人生。

◎在印度，将人生分为四个阶段：

第一个二十年完成教育期，

第二个二十年服务社会期，

第三个二十年教化人间期，

第四个二十年游历世界期。

◎有一位金朝权先生将人生划分为五个阶段：

二十五到三十五岁：立志期（个人目标）。

三十五到四十五岁：建立期（功名事业）。

四十五到五十五岁：成就期（功名成就）。

五十五到六十五岁：维持期（传承接班）。

六十五岁以后：传益期（退而不休）。

◎佛门把人的一生分为六个阶段：

第一个十年（二十到三十岁）参学实习，要如一颗棋子，依需要而任人摆置。

第二个十年（三十到四十岁）服务实践，要如一部汽车，到处替人服务。

第三个十年（四十到五十岁）讲学授业，要如电台，出广长舌弘法讲经。

第四个十年（五十到六十岁）传道课徒，要如字典，样样精通传授经验。

第五个十年（六十到七十岁）修持游化，要如蒲团，闭关自修随缘助道。

第六个十年（七十岁以后）随心随缘，要如白云，随缘放旷，世出世间自在圆融。

我自己对人生的规划，皆依现实的环境而任性随缘，从最早的文化工作，再而教育、弘法、创建道场，到目前自许为地球人的随缘生活。

每个人要自知自己的性向及条件，以拟定自己方向——

重视实际性格者，可从事劳工、机械、农业方面工作。

重视研究性格者，可往工程、化学、天文、数学方面发展。

重视艺术性格者，可做诗人、画家、导演、音乐家。

重视社会性格者，可从事义工、社团辅导、传教师等工作。

重视企业性格者，可担任经理、政治家、推销员。

重视传统性格者，可担任行政助理、会计、银行员。

重视宗教性格者，可成为慈善家、修道者。

除了依年龄和性格来规划人生外，也可依自己的专长来规划：如头脑好者，可做思想家、作家；口才好者，可弘法讲经，从事教育工作；声音好者，可成音乐家、播音员；手艺好者，可成书法家、绘画家；身体好者，成为运动员或服务人员；心地善良者，可以做慈善家。

在我们就读幼稚园时，最常挂在口边的一句话是“妈妈说的”；到读小学时，则是“老师说的”；到初高中时，是“朋友说的”；上大学时，是“男（女）朋友说的”；经过社会历练而成熟时，则是“圣人说的或前辈说的”。这也是一种成长而自然转移的人生规划。

要规划人生，对自我因缘、环境、条件都必须注意。期望每一个人，都能拥有慈悲欢喜的人生、智慧灵巧的人生、优闲自在的人生、幽默风趣的人生、服务奉献的人生、忍耐宽容的人生，能如桥与人方便，如水与人解渴，如树与人乘凉，如一根蜡烛与人光明，如一片大地普载大众。

五月　二十一日　　星期五

从昨天起，桌上的电话就响个不停，来自全省各地的信徒及国际佛光会会员（也有不少是海外会员），对有关昨天晚报刊载我不能回大陆的新闻，表示无限关心。

此新闻是来自："黄昆辉先生在某次会中提到，中共中央台办最近下令，严禁邀请佛教高僧星云大师赴大陆访问，和考察甚至从事传教工作……"昨天我看到此一消息，也很讶异，因今年农历正月初四春节期间，我才刚从大陆探亲回来，怎么忽然又说不准我进大陆呢？

不过，我到大陆与否，并没有那么重要。承新闻界朋友关心，为此事还特地打电话到北京的国台办去询问，承报社信徒好意，将访问的内容，于上报前一日寄给我，《联合报》记者采访内容如下：

记者朱伟竞、汪莉绢电讯：

中共国台办副主任孙晓郁，今天否认曾下过任何文件禁止星云大师到大陆访问。孙晓郁在接受《联合报》记者电话采访时表示，关于外传中共中央国台办下令各单位在未经过其核准前，禁止星云大师到大陆访问、考察一事，没有这消息而且"没有下过这方面文件"。

孙晓郁说，佛教在中国传统文化中，占有一定分量，大陆人民有信教的自由，而两岸宗教往来，也是两岸关系的一部分，中共不可能禁止这方面的交流。何况星云大师年初回扬州省亲，顺道赴上海时，都受到中共有关方面礼遇，这两三个月没有什么特殊事情，不可能突然禁止星云大师来访。中共国台办文化交流局局长张金池也表示没听过这回事。

这几年对大陆佛教，我只想在文化、教育上给予一些助缘，其他皆非我能力所及。虽然现在大陆各地，从东北到西南，从江南到江北，都有人好意要将寺院托付予我复兴，我虽有心，但实在是心有余力不足，因在世界上要做的事情实在太多了，大可不必只寄望我一个人，复兴大陆佛教，让有心人士大家一起来吧！

五月　二十二日　　星期六

为庆祝即将来临的佛诞节（农历四月初八），佛光山文物展览馆，正推出为期一个多月的“佛诞特展”，内容有吕永金先生提供的木雕艺术、陈石年先生提供的雕塑天地、林荣华先生提供的陶艺天地、十方赏石协会提供的禅与石，以及佛光山丛林学院学生制作的佛诞壁报、卡片特展等。佛诞节除了以传统浴佛法会来庆祝外，“佛诞特展”则更具大众化色彩，让来山的信众游客们又多一处参观场所，即使不是佛教徒，也能分享一份佛诞的喜悦。

中午一时三十分，在台南讲堂和南部地区的徒众们座谈，当谈及佛光会和别分院间的关系时强调，各地区佛光会的辅导法师皆是别分院的义工；别分院的法师，都是兼职的佛光会辅导法师。另外，台南讲堂即将成立的“台南图书馆文教中心”，其弘法讲座内容和日期的安排，规划完成时希望能及早通告，以方便信众们闻法。

五时，在台南大饭店，主持功德主吴修齐居士公子吴威德先生，和高雄陈启川先生孙女陈怡慈小姐的结婚典礼，今天前来祝贺的贵宾有高雄市长吴敦义、台南市长施治明、李登辉先生尊翁李金龙先生和多位地方显要，大家都是忙人，难得能在此聚会。

“国际佛光会中华总会”继去年举办“把心找回来”运动后，今年下半年度拟计划再推出“促进社会安宁，推行六诫运动”，预计从十月份起，展开劝导诫毒品、诫暴力、诫吸烟、诫酗酒、诫邪淫、诫赌博等运动，希望能为社会带来一股清流。如何带动这个运动？今在台南往普门寺的车上，草拟几个方案，提供给筹备会参考。

晚十时三十分抵普门寺，徒众们还在办公室处理文件，核对寺务，而这些工作都必须在送走信众后才能处理，故深夜十二时仍未休息者，大有人在。除了一份责任感外，无怨无悔的发心，才是大家工作的原动力！

就寝前，翻了《景德传灯录》，有一则腾腾和尚的《了元歌》，值得一读——

修道道无可修，问法法无可问，
迷人不了色空，悟者本无逆顺。
八万四千法门，至理不离方寸，
识取自家城郭，莫谩寻他州郡。
不用广学多闻，不要辩才聪俊，
不知月之大小，不管岁之余闰。
烦恼即是菩提，净华生于泥粪，
人来问我若为，不能共伊谈论。
寅朝用粥充饥，斋时更餐一顿，
今日任运腾腾，明日腾腾任运。
心中了了总知，且作佯痴缚钝。

五月　二十三日　　星期日

上午九时，“国际佛光会中华总会”在台湾大学体育馆，举办第一届北区会员运动大会，计有从基隆到新竹五十个分会，三千多名会员参加。

台北市社会局局长陈士魁先生，在大会中祝福参加的运动员，比赛过程都能顺利，且有很良好的成绩，他并盛赞运动大会是最好的全民运动，能转移社会不良风气。

台东玉里镇镇长林惠敏小姐说，很高兴有此机会来观摩学习佛光会主办的运动大会，希望台东将来也有因缘能承办类似的运动大会。

潘维刚表示，运动会的团队精神，能激励我们的斗志，让我们团结在一起，预祝佛光会的运动大会，一年比一年盛大！

我向全体参与的会员说：今天是佛光会的奥林匹克运动会，奥林匹克的精神是志在参加不在胜利！佛光会会员皆以信众为主，运动会为我们开拓了生活空间，且可净化心灵，强健身体。希望会员们除修行外，也都能五育并重。

大会进行途中，吴伯雄先生身着运动装，出现在会场，全体运动员及啦啦队员都报以热烈掌声。吴先生表示，一踏进会场就感受到一股健康、活泼的朝气，运动不仅能强身健康，更可以导引社会正当娱乐，愿分布在全省各地的佛光会员，都能以身带动，一起来净化我们的社会。

这次运动大会趣味竞赛项目有：请转法轮、三代同堂、老实念佛、亲子合作、全力以赴、晨钟暮鼓、同舟共济、迎亲赛、拔河等，如果按照一般运动会规矩来执行比赛胜负，几乎没有一队是如法的，尤其是子孙三代合作无间的场面，还有八十多岁祖母级的参赛者，是生平第一次踢球，只见脚起落处却找不到球，惹得全场哄堂大笑。看大家都“比赛”得那么欢喜快乐，就像在开同乐会似的，裁判也只好随顺的皆大欢喜！

运动大会圆满前，由我宣布——

1. 在现场努力加油欢呼的啦啦队，应得“精神奖”。

2. “亲子游戏”项目，应得“最佳勇气奖”。

3. 督导、会长、工作人员们的带动，应得“成就奖”。

4. 全场瞻前顾后努力维持纪律的裁判，应得“功劳奖”。

5. 与赛的每一位运动选手观众，应得“运动奖”。

这次的运动会虽偏重于“志在同乐，多人参加”，但至少也为这项活动迈出一小步，只要随时纠正缺失，不气馁地一直走下去，将会造成一大风气。

和几位负责这次大会的工作人员检讨，今后必须改进的地方有——

1. 运动大会开始时，不能用喊叫来下命令，应用旗帜标志来指挥全场，现场少用语言说明。

2. 每队队员应有不同颜色制服来区别（或醒目记号作识别），否则全是制服，分不出哪一队是哪一队。

3. 节目与节目间，应安排歌唱或表演来衔接，让下一个节目进场前，不会有冷场。

4. 啦啦队是很重要的动员力量，但应有同一标示助威。

5. 司仪对活动进行要全盘了解，以备有状况时能随机应变。

寄望下一届的运动大会能做得很有水准且不失

同乐性质。

况复仕途多幻境，几多苦海少欢场。
惟有著述千秋业，长流宇宙一瓣香。

最近，《普门》杂志兼佛光出版社社长永芸法师，准备将我在《普门》刊载近四年的“星云日记”出书，永芸说，我的日记是《普门》的热门单元，因为读者的反应热烈，所以先将前几年的部分结集。

我不知道读者是否真的都喜欢看日记，自认每天的安排行云流水，仓促记下个人对人对事对物的看法，难免有未尽周全之处，但是看他们做得很慎重、很欢喜，我也乐意提供个人的意见，希望他们能出版、发行顺利。

《普门》杂志、佛光出版社的人员愈来愈多，不禁想到三四十年前自己一个人办《觉世》旬刊、月刊的情形。其实如果认真计算《普门》杂志的历史，还要再加上前身《觉世》月刊一百期；算来，《普门》已经诞生廿二年多了。

当时，一方面发行《觉世》旬刊，赠送信徒，一方面每个月出版月刊。为了不让信徒读者搞迷糊，于是自一九七九年十月起将月刊更名为《普门》杂志。一晃眼，《普门》也快满十四岁了，是一个逐渐成长茁壮的孩子，身为创办人的我，就像是抚育孩子长大的父母亲，希望在孩子的青春期，能帮助他找到正确的人生方向，稳稳地踏上康庄大道，也期许他在充实自己的同时，能多多贡献给社会。

今晚六时，我作东，在普门寺邀请《普门》杂志的同仁会谈聚餐，也请来发行人慈容法师、前社长张培耕老师，指点后进。除了永芸法师之外，臧保琦、郭孟姬、慧庆法师、简秀娥、王静蓉、吴少柔、李丽卿、翁国钧、李香雯、刘智惠、林美惠、郑天枝、吴圆生、陈丽娟、邱亚明、陈鸿智、廖淑珠、王美兰、周基芬、刘燕珠、李淑贞，还有特约摄影刘秉俭先生，以及多年来发心校稿的陈载锵校长、张源爵老师、柯连长居士、施美玉小姐都到了。

佛光山是般若文字建设出来的，智光商职的创办也归功于《觉世》旬刊的大力推动。在我的理想中，《普门》杂志和佛光山、国际佛光会一样，应该和社会多多结缘。《普门》的内容应是知识性、文学性、生活性的；《普门》的走向应该普遍化、大众化、国际化；《普门》不离佛法，但太艰涩、太专门，读者难以消化；《普门》不舍众生，但太随俗、太从众，难免失去立场，所以“深入浅出”是我对《普门》的期许。

会餐中，大家对有关教界、出版、时事等方面提出许多问题，讨论热烈，是一场皆大欢喜的“师徒会”。

五月　二十四日　　星期一

今晨，从台北出发，经新竹、头份、员林，前往嘉义民雄光兴塑胶机械公司董事长蔡金炼先生府上，替蔡董事长的母亲蔡洪美老夫人上香、诵经。

蔡洪美老夫人一生笃信佛教，慈祥和蔼待人宽厚，乐善好施相夫教子，曾于一九八五年度当选为嘉义县模范母亲，颇受邻里称扬。教导子女个个有成，尤其蔡金炼先生所经营的光兴塑胶公司，产品行销全球，拥有一百多个世界网路，印度尼西亚、南美、玻利维亚等地均有设厂，争取了许多外汇。蔡先生非常热心公益，一九九二年度当选为台湾好人好事八德奖之最高荣誉。且又是佛光山的功德主，其夫人蔡吴秀美还是佛光会民雄分会的会长。今蔡老夫人生西，祈祝其在弥陀座下莲品高增。

维力食品公司董事长张登旺、廖思怡夫妇下午来访，并供养全山法师食用的素清香油。

张董事长致力于食用油的研究已有二十余年的历史，而制作用油也近四十年，基于让所有公民皆能得到健康之理由，近年来研制维力清香油、素清香油、宝素斋油、保正香油等四种食用油。为让大家对使用食用油有一正确认识，张董事长特在檀信楼作了一场讲演，他说：

"不论动物性或植物性食用油都由三种脂肪酸组成，即饱和脂肪酸、多元不饱和脂肪酸、单元不饱和脂肪酸，而理想食用油的组成比例是饱和脂肪酸百分之三十，多元不饱和脂肪酸百分之二十，单元不饱和脂肪酸百分之五十。亚油酸因其性质极不稳定，很容易与空气中氧气发生自动氧化反应而变质，产生有毒物质，对肝脏及消化器官造成伤害，而过度摄取亚油酸后，血液容易凝固，会产生血栓，是引起心脏病和脑中风的主要因子。

还有，卫生主管部门委托高雄医学院葛应钦教授分析研究，国内女性肺癌细胞多与抽烟无关，厨房的油烟才是肺癌元凶。而厨房油烟生成因素，主要是油脂内的亚硫酸，根据检验分析，各种油脂内所含的亚硫酸，所占比例分别为：沙拉油超过百分之六十，葵花子油达百分七十，玉米油百分之六十，猪油、牛油低于百分之十五，所以油烟最多的食用油几乎都是植物性油脂。

炒菜之所以有油烟的产生，肇因于油脂的不安定，而油烟又有水烟、油烟之别——

如果你的排油烟机黏腻难洗，那是因为使用的油不安定，容易起油烟（此油烟是肺癌元凶）；反之，排油烟机若干净清爽，就是使用安定的油，不易起油烟属水烟，对人体无害。故选择食用油，必须选择欧力克高于百分之五十、亚油酸低于百分之二十五的油脂才是健康的油。”

张董事长为大家上了一课有关油脂常识，张夫人廖思怡女士对佛光山的文教事业非常赞叹，感于培养人才之不易，发心提供新台币一千万元的素清香油由佛光山义卖，以作为佛光大学的建校基金。张董事长也愿在其公司内成立佛光会的“清香分会”，因其共持的理念是，佛光山有制度、有理想、有抱负，才能吸收那么多的人来此修道。佛光会若无其时代性、大众性、智慧性，则世界上不会有那么多国家地区都有佛光会的协会、分会，故很值得参与投入。

五月　二十五日　　星期二

本山功德主林清水、林美杏夫妇，其长子日前不幸因车祸往生，今全家将其骨灰送上山来，安奉在万寿堂，今日约见其全家，以示劝慰。白发人送黑发人，是人生最难以堪受的事，若没有宗教信仰真是熬不过去，天下父母心！普愿青少年学子们，在还没有能力回馈反哺之恩时，应有“责任”好好照顾自己的身体，保其平安，那就是孝顺了。

年度期头人事调动将届，有少数徒众私下向我请愿，下年度想调换工作，希望在行政之外，我能以“师父”的权威来影响人事决策者的决定。我很乐于与人为善，如果只要我的一句话或一个指示，就能满其所愿，我真的欢喜与人关说，问题在于你所提出来的问题是否合理？是否合情？是否合法？是否有违常住原则？是否会影响制度体系？

报载，美国总统柯林顿的侍卫一起到速食店用餐，白人侍卫的午餐都快要吃完了，黑人侍卫的午餐还没有送到，这种差别待遇，致使黑人侍卫不满——种族歧视，因此一状告到法院，尽管速食店经理因此而下台，但官司至今仍未解决。类似这种事件，在佛光山是不可能发生的。“传灯会”在公平的原则下保障大家的权益，更何况佛光山的工作，只有性质上的不同，没有职务上的高低。平时多用点心在学业、事业、道业上，才是最究竟的考核资料。

《汉书·杜钦传》中，主张观人可从六个方面去审察——

1. 当他显达时，观察其提拔些什么人士。
2. 当他富有时，观察其花钱在什么事上。
3. 当他穷困时，观察其哪些是不为的。
4. 当他匮乏时，观察其是否能坚守原则。
5. 和他接近时，观察其日常做些什么事。
6. 和他远离时，观察其主张些什么理念。

我很喜欢读书，并有记一些格言名句的习惯，今天翻阅昔时的笔记，有一些话，可以提供给人参考——

◎四海无争，各尽其才。

◎天在人身春在木。

◎舌为心之苗。

◎怒起于愚，而终于悔。

◎一念反躬，便是天理。

◎语言如花色，沉默像花香。

◎说话要轻，论点要精。

◎到任何值得去的地方都无捷径。

◎在精益求精的竞赛中，无终点可言。

◎温馨的笑容，是全世界共通的语言。

◎不满足的人，找不到安乐椅。

◎言之必行，是巩固知交的要素。

◎道德世界的臂很长，但它弯向正义。

◎抛却偏见，永不嫌迟。

◎知识帮助谋生，智慧可以保身。

◎可以质疑权威，但要先礼后兵。

◎德行善举，是唯一不败的投资。

◎斗士必须在别人不信任你时信任自己。

◎做梦的最好理由是梦中无须讲理。

◎河水，一直川流不息，是因懂得避开障碍。

◎纠正很有助益，但鼓励收效更大。

◎种善因得善果，种恶因得恶果，人是自己的园丁。

五月　二十六日　　星期三

上午，前往澄清湖，到李雄庆、李蔡素兰夫妇府上家庭普照。平常除了讲座外，我最喜欢与信众接触的方式便是家庭普照。左右邻居、亲朋好友，四五十人聚在一起，没有佛堂的严谨，没有讲演会的拘束，却有家居围炉似的温馨。谈自己对佛教的认识、修持的心得、不解的疑问，在没有距离的交谈中，最能体验法味，故只要有空档，“家庭普照”似的访问，我最乐于前往。

下午二时，在普贤寺主持近千名信众的皈依典礼。每一次皈依，只要看到有年轻人的面孔，内心就为佛教又多了一批生力军而欢喜，因这些蓬勃的菩提幼苗，都是佛教未来的希望。

由“中华文化复兴运动总会”、“文化建设委员会”等主办的高雄市政府喜神公益系列讲座，今晚七时，于高雄市立图书馆中兴堂，请我讲演“佛教与中华文化”。

文化是人类生命的汇合和延续，是历史的开

展，是社会的支柱，而“中华文化”是——

1. 民胞物与的大同世界。

2. 忠恕仁爱的天下一家。

3. 克己利人的贤哲之道。

4. 兼容并蓄的博爱精神。

佛教与中国文化之关系——

1. 包容各教各宗的五乘共法。

2. 促进民众生活的坚忍节俭。

3. 影响社会道德的因果报应。

4. 庄严文学艺术的内涵结构。

佛教之所以能在中国文化里生根，乃因佛教主张内心的安乐，可消除人们的不安；结缘、慈悲的思想与儒家兼善天下符合；业感业力思想，鼓舞了中国人创造生命的精神。

陈履安先生和名导播孙春华居士、高冈屋公司杨董事长夫妇一行，下午来访。晚，在檀信楼大礼堂和全山职事及丛林学院学生们座谈，陈履安先生畅谈其学佛因缘，体验最深的，莫过于身口意严谨的“起心动念”，改变了他的人生观，开拓了他更深更广的生命领域。

陈履安先生和大家座谈快结束时，我才从高雄中兴堂赶回来，陈先生学佛的精进和无畏众所皆知，而其心愿——

1. 对佛教信仰永远不改。

2. 对经典研究永远不疑。

3. 对菩萨道的发心永远不退。

更是难能可贵，勉与会大众要行菩萨道，不可只做小乘的阿罗汉！

陈履安先生已允诺担任国际佛光会檀讲师。

闲时观山游野景，闷来潇洒抱琴弹。

若问小臣归何处，身心只在白云山。

五月　二十七日　　星期四

昨晚，因高雄的讲演，回到佛光山已经很晚了，未能好好地亲自接待陈履安先生和日本高冈屋海苔公司董事长杨德胜先生。今晨七时，特邀请陈先生、杨董事长共进早餐。

陈履安先生多年来曾多次来山，与我深夜谈禅，此次，再道出内心的至诚。他说："昨天下午高速公路上倾盆大雨，湿闷燠热，从台北到高雄一路上堵车，足足开了八个小时。有人以为上山求法很难，但我想到唐玄奘大师西行印度求法，途经八百里流沙，宁向西天一步死，不回东土一步生的精神，即使塞车塞到天明，这一点小小的挫折，又算得了什么？”陈先生如此一片真诚的佛心，实在难得。

陈先生是个学科学的数学博士，多年前因缘具足而接触佛法，初登佛学堂奥，即深感佛法的广博精深，从此精进不懈。佛教中的三藏十二部经典，有许多大部头的佛经他都持诵过，诸如：八十卷的《华严经》、六百卷的《大般若经》、《大般涅槃经》、《圆觉经》等，且日诵《金刚经》五十遍，持咒不离心田，礼佛拜忏更是日常的密行，可说是身口意不离佛法。

八时，陈履安先生与本山佛学院师生座谈，座谈的问题内容有——

◎为什么欢喜鼓励儿女出家？

陈先生表示，因为他感到世间有很多问题不是科学、知识、电脑技术所能解决的，因此他希望接受一个完整的人格教育来学习认识自己，如果不能对自我有所认识，将来又如何服务人呢？所以他非常希望子女能安住学习佛法。

◎在诵经、持咒、礼忏、禅坐的修持过程中，有什么心得？

陈先生表示，在三年学佛当中，对他的人生改变很大，觉得生活在满足、安详、自在的法喜中。唯有不断再发心、立大愿行菩萨道。

◎陈先生勤诵《华严经》，请说说心得？

陈先生表示，最初也看不懂，或许因参话头的关系，才稍微知道经中在说些什么。他觉得诵经应该带着谦卑的心，过去我们所认识的科学可能是个框框，若不跳出来，则不能有更大更广的领域。现在所要学的是整个生命的探索。诵经，使心灵更加清净，透过诵经，不断地用功进步。

◎当诵完六百卷的《大般若经》时，是否可用一句简短的话来说出心中的感受？

陈先生表示，那就是一个“空”。一切都要在心上用功夫，一切都是你心里的一念之间。

◎如何将佛法运用在从政的理念上？

陈先生表示，我视监察部门为道场，监察部门维护人民权益，维护公务人员的基本尊严。他希望有冤屈不平的人到监察部门来，根据法规，他们会热心地为其解决问题。公务人员受了冤枉，还以清白；若有害群之马，也毫不留情依法处置，这当中不把个人的利害掺在里面。学佛之后，他感到众生与他是一体不可分开的。

今日在佛教中，信解行证都能完成的人不多见，我们尊敬陈履安先生，倒不是因他位高权重，而是他为佛法身体力行。他说的佛法，不论是名相、譬喻，或一个佛法的说明，皆如禅宗所说的，不落窠臼，均是深有体会。陈先生风度翩翩，温文儒雅，不愧为行解并重、悲智双运的现代维摩诘。

我记得太虚大师提倡建设菩萨僧团，规划了一百万人，但在中国社会里，这是很不容易的，只好改为廿万人，也是很为难，再改为四万人，仍然感到困难，最后在圆寂之前曾写了一本《菩萨学处》，这是太虚大师最后的愿望。

现在人间需要菩萨，我们也需要菩萨学处，菩萨是人间的，是大众的，在世间找人间菩萨，打着灯笼都不易找着，陈履安先生真正是人间菩萨的现身说法。

九时前往机场，一路上大雨滂沱，烟雾蒙蒙，几乎吞没了整条高速公路。原本预定于十时四十五分起飞的班机，也因气流雨势，机场关闭，以致于无法起飞，在候机室耐心地等待，并趁此空闲回复数封信函。

长久以来，我有心在日本建设道场，今年初应国际佛光会日本东京协会会长西原佑一、顾问刘秀忍、陈逸民、副会长林佳添居士的邀请，经心平、慈庄、永伦多次的努力，才找到现址：东京都板桥区熊野町35–3号。

佛光山东京别院有二层楼，有容纳二百多人共修的大雄宝殿、一百五十多人的讲堂、一百人的餐厅、二十人的会议室、八人的办公室、十人的客厅，并可提供二十人住宿。帮忙促成这所别院的人很多，很感谢从高雄前来装潢的洪天从、宋明清居士，以及西原会长夫妇、刘秀忍女士、叶山胜中、齐藤丽子、陈逸民、林佳添、吴淑娥、叶聪明、邱美艳等，几乎都是全家护法。他们在工程中提供经费、水电、油漆、监工、报关、饮食等种种的协助。

晚七时许，洒净仪式即将开始，只见人潮不绝，喜气洋洋，有本地的日本信徒、华侨，更有远从台湾各地前来的信众，有曹永杉夫妇、林宗贤、林怡和、陈丽丽、黄丽明等人。徒众满普、满观、道璞、吴宝琴分别带领佛光会员、普门寺、普贤寺、彰化、员林、东海道场的信徒前来。觉三带领日文佛学班同学前来支援法会，俟法会圆满后，他们有十天的毕业旅行，到日本各大寺院、名胜参访。佛光山在日本留学的徒众，也在好几天前分别由东京各区、京都、大阪等地赶来参与盛会，计有——

慈怡法师：佛教大学博士班。

宗开法师：佛教大学博士班。

依量法师：佛教大学硕士班。

涂玉盏师姑：东京大学博士班。

永传法师：驹泽大学。

满庭法师：佛教大学。

吴美银师姑：佛教大学硕士班。

张瑞文：立正大学。

为庆祝佛光山东京别院的落成暨佛像开光，从今晚洒净仪式起，将举行三日法会，及皈依典礼和佛学讲座。当第一滴杨枝净水洒在东京的土地上时，不禁使我怀念起一千三百多年前我国唐朝高僧鉴真大师。于是向信众讲说“中日佛教文化的交流”：

公元七四二年，鉴真大师受日本僧人荣睿、普照的请求，曾五次东渡日本弘传律法，然因国人不舍高僧东游，或航行中遭受海贼、暴风等阻碍而未能成行，其间颠沛挫折长达十二年之久，乃至后来双目失明，仍不减赴日弘法心愿，直到天宝十二年，第六次启航，才顺利到日本，当时鉴真大师已六十六岁高龄，因为大师有这种“为佛法也，何惜生命！”的伟大宗教情操，才有今日日本佛教的流传。

日本天皇因感念大师的恩德，诏赐“传灯大法师”，并与皇后、全国君民上下，恭受菩萨戒法。鉴真大师更为日僧重授戒法，为日本登坛受戒之嚆矢。除此之外，跟随大师前往日本的四百位徒众当中有艺术家、医师、建筑师；携往日本之大量佛教经像、药物、艺术品等，对往后日本的医学、雕塑、美术、建筑之发展皆有相当的贡献。鉴真大师可说是日本的文化之父。

今天我们来到了日本佛光山东京别院，看到了中国的寺院与传统的出家人，真正将中日文化结合在一起。一千三百多年前有鉴真大师，希望今后在座的各位都是鉴真大师！

五月　二十八日　　星期五

我今灌沐诸如来，净智庄严功德海；
五浊众生离尘垢，同证如来净法身。

今天是农历四月初八日，佛诞节。上午九时，大殿中早已拥进虔诚的信众，或合掌称礼，或匍匐膜拜，正一勺一勺地以香汤淋浴着悉达多太子的圣像。在《灌洗佛形像经》中载：“诸善男子善女人，于佛灭后当至心念佛无量功德之力，浴佛形像如佛在时，得福无量，不可称数。”但愿佛子的一念真诚，都能为未来植下无量福慧功德。

佛诞节，俗称浴佛节。距今二千五百多年前，一个正值春末夏初风和日暖的四月初八日，佛陀在蓝毗尼园蓊郁葱茏的无忧树下诞生了……佛陀的一生，仿佛就在我的眼前……

中午上供，我和挤满大殿的信徒，讲说佛陀的事迹，我先说佛陀一日的生活：

佛陀每天在清晨四时之前即起身禅坐；约五时在晨曦中外出托钵；斋食后经行，然后洗脚、趺坐；上午与信众谈话、说法；下午召集比丘大众集体讲说或个别指导；晚上则为比丘印证接心，指导修证法门；深夜禅坐冥思。佛陀的生活有自受用的禅悦，也有他受用的法乐。佛陀也有工作，每天以般若智慧的犁，耕种一切众生的福田，播撒菩提的种子，结出人天众生的果实。

浴佛就是净心，心清净即能见到佛陀的法身。因此，我们每天都可以浴佛，都可以清净内心。

佛光山东京别院的设立即是佛子的慧命之家，这里的现任住持慈惠法师，是佛光山长老比丘尼，目前担任佛光山文教基金会执行长、台湾佛光大学筹备处总干事、世界佛教徒友谊会副会长，曾任“中国文化大学”讲师，有丰富的佛学素养、修行体验及行政实务专长，由她来担任住持，可见佛光山是如何重视东京别院。

甫自佛光山日文佛学班毕业的觉源法师、觉用法师，勤劳、发心，当然更需要各位信徒的护持、协助。

晚七时三十分，第一场佛学讲座，为信众开示“佛教徒的生涯规划”，我希望大家——

1. 以慈悲欢喜作生涯的规划。
2. 以智慧灵巧作生涯的规划。
3. 以自他圆满作生涯的规划。
4. 以幽默风趣作生涯的规划。
5. 以服务奉献作生涯的规划。
6. 以圆融自在作生涯的规划。

五月　二十九日　　星期六

趁着东京别院举行落成典礼暨佛像开光法会的前夕，东京佛光会与大阪佛光会从下午三点开始，假别院举行干部讲习会，第一堂课由我介绍佛光会的理想与目标。

自从前年（一九九一年）“中华佛光总会”成立后，我陆续为佛光会订下了目标、宗旨、方向、精神、使命等，并且一次又一次不厌其烦的阐述它的内容，目的是希望佛光会员能够真正认识佛光会是一个具有社会性、教育性、文化性、宗教性的人民团体，大家应该加强它的社教功能，经常举办各种文教活动，参与各种社会服务工作，借此提升道德、人格、慈悲、智慧等精神内涵，而不要流于和一般团体相同，只重视联谊的性质。今天参加讲习的干部有：大阪佛光会会长慈怡法师、副会长阵一永机、刘燕燕、林明孋；东京佛光会会长西原佑一、副会长林佳添、吴淑娥、孟子雁、顾问陈逸民、秘书赖连金、副秘书郭礼斌、西原千雅、谢张芳珠、陈丽兰、齐藤丽花、杜美枝、卢阿卿、邱美艳、平野裕子、叶山胜中、市川丽子、杨碧銮、许丽琍等四十余人。

晚上七点半开始，继续举行第二场佛学讲座，今天仍然为信众介绍“佛教的生涯规划”。讲演前，首先介绍参与这次法会的几位佛光山职事——慈庄、慈惠、慈容、慈怡、依恒、慧军等，并请他们现身说法，谈一谈自己的生涯规划。

在听众中，值得一提的信徒，如现任日本华侨总会副会长的刘秀忍女士，前年我到日本成立东京佛光协会，她在事前便一再打国际电话，希望我届时拨空到她府上应供。刘女士平时自奉甚俭，却有一颗慈悲喜舍的心，她成立圣仁慈善救济基金会，响应大陆赈灾、建校活动，甚至远至印度、斯里兰卡救济，每年并举办留学生聚餐，这次东京别院的建设，她就捐献了两千万日元。

再如王村文彦居士，他是台湾淡水人，已经移居日本多年，也是一位乐善好施的慈悲长者。多年前，他把石门乡三十五甲的一块地捐给佛光山，因此有了目前佛光山北海道场男众学部这块培育僧才的园地。由于有许多发心的信徒护持，佛光山才得以推展文化、教育、慈善等弘法事业，乃至在世界五大洲建寺弘法；信徒的护持，实在功不可没。

中午，陈丽丽陪同四海关系企业董事长赵经华、执行常董陈永和等人来访。赵董事长当面邀请我于九月为他们在台湾举行的职业篮球赛主持开球，我欣然允诺。记得美国佛光协会与“中华总会”各地分会也曾多次举办高尔夫球赛，我也曾多次开球，借此以球会友，我觉得很有意义。不过，很多人都知道，我一生对篮球独有偏好，因为它除了可以锻炼强健的体魄，尤其可以训练年轻人——

1. **养成勇敢冲刺的习惯**：在篮球场上，要勇敢冲刺，因为能够把握第一时间，才能先驰得点，如果慢了一拍，失去先机，不但自己不能得分，还可能让对方有得分的机会。

2. **养成遵守规矩的习惯**：攻守之间，虽然要勇敢快速，但必须遵守规则，不可侵犯别人，一旦犯规，裁判哨子一吹，就要举手认错，养成服从裁判、勇于认错的精神。

3. **养成团队合作的习惯：**一队五个人，彼此要互相合作，懂得为队友制造机会，才能得分，如果单打独斗，表现自我，势必尝到败绩。所以它可以培养年轻人团队的精神，了解集体创作的重要。

4. **养成尊重对方的习惯：**球场上，彼此看似敌人，其实也是朋友，因为如果没有对方，球赛就不能进行，所以一上场，彼此要先敬礼，以示友好，这是对他人的尊重。

基于上述种种好处，我在创建佛光山之初，就设立了一个篮球场，每天下午四点半到五点半是打球时间，只要时间一到，全山大众都可以到球场打球。二十几年来，不管刮风下雨，未曾间断过，其间也曾写下很多“特别”的记录：

1. 小至六七岁的育幼院小朋友都能上场（大慈育幼院院童）。

2. 佛光精舍七十有余的老人，也可披挂上阵（还有佛学院老师）。

3. 有人上了球场，是从头到尾，走都不走一步的固守本位的球员。

4. 曾经有一百多人同时上场打球的记录。

5. 五人正式的球队与八十余人的杂牌球队比

赛，结果五人小组赢了。

6. 经常球场上战况剧烈，场外却忘了计分——这是一个不计输赢、不需裁判的球场。

此外，有不少社会人士曾经是佛光山篮球场上的球员，如尤宏、陈炳文等。“中华篮球队”总教练刘俊卿曾经上山指导，并带“中华队”球员上山礼佛，和我们切磋球技，引起他们对佛法的向往，后来刘教练本身也因此因缘而在佛光山皈依三宝。可以说，篮球场上也是我们弘法度众的好道场。

运动场是另一个战场。过去少棒为台湾争取了很大的荣誉；相形之下，篮球是令人失望的。从三十几年前一直输给篮球王国菲律宾，到近几年输给韩国，现在就连对日本也连连败阵，我对台湾的篮球也从热心到冷淡。不过前几年我还曾提出建议，希望官方能够在北、中、南的军中设置体育营，平时对球员施以体能训练，并经常举办比赛，最少在春、秋两季举行分区比赛，有了区域性，观众看球才会热烈，有了观众的支持，才能带动篮球的发展。所谓“养兵千日，用在一时”，有了平时的养成，培养实力，出赛时才会有好的成绩。凡事要有播种的“因”，才能有收成的“果”。

平时佛教徒在佛殿共修，重在德育；在教室上课，重在智育；僧团是六和合僧，重在群育；佛像的雕刻、绘画及梵呗的唱诵，重在美育；而球场上的运动，可以弥补体育之不足。

五月　三十日　　星期日

五月的东京，虽然已是春末夏初之际，清晨起来，空气中还是隐隐透着一股凉意。自从来到东京，接连几天都是风和日丽的好天气，却在今早佛像开光法会前半小时，突然下起毛毛细雨。经过了这场春雨的“洒净”，十一时正，阳光普照，法会准时开始，首先由台北驻日经济文化代表处代表林金茎、华侨联合总会副会长刘秀忍、东京佛光协会会长西原佑一，共同为佛像揭幕，揭开了东京别院佛像开光法会的序幕。

今天与会的贵宾有：日本众议院议员小林兴起、东京华侨妇女会会长罗王明珠、埼玉华侨总会会长候正一、蒋孝武的夫人蒋蔡惠媚、李慕祥、日中问题研究会会长矢野、熊野町会长佐藤照幸、彰化银行东京支店长李文章、日华佛教文化交流协会事务次长浜田嘉伸、日华佛教交流协会副会长大嶋见顺，暨佛光会员、中日信众等千余人观礼。

林金茎代表致词时表示：在日本有佛光山的别分院，对中日关系的促进与发展，将具有实质的贡献。

其实，中日关系自古以来，即因佛教与文化的交流，而使两国之间的关系密切如兄弟。尤其今天已经进入“地球村”的时代，国与国之间的距离更形缩短，各国之间更需要互相交流、访问、联谊，唯有国际关系和谐，才能带来世界和平；为了加强中日佛教文化的交流，东京别院乃应运而生。未来在东京这个高度物质文明的城市，更需要有丰实的精神生活，而佛教是一个重视开发内心能源的宗教，因此，东京别院今后将带给当地信众佛法的滋润，同时成为东京佛光会会员联谊、共修的据点。

为了感谢信徒在东京别院筹建期间的发心护持，特于会中颁发功德主感谢状，计有：刘秀忍、西原佑一、谢文政、陈逸民、吴淑娥、林佳添、邱美艳、杨碧銮、叶山胜中、白文美、孟子雁、柳淑珍、中泽明子、高嘉穗、赖连金、陈丽丽、杜黄却、庄立仁、柯玉卿等十九位接受颁奖。

在日本建寺，除了经济上是一大负担外，加上受限于当地的法规，因此过程倍觉艰辛。东京别院虽是就着现有房子整修而成，却也历时将近一年，直到洒净的前一刻还在工程中。由于筹建不易，因此在落成的这一刻，我看到不少信徒眼中闪着泪光，想必他们是看着东京别院从无到有，而感受特别深刻吧！

法会进行一小时结束，会后特备素斋与众结缘。席间林代表告诉我，刚才致词时，感觉周遭充满了佛光，全身发热流汗，内心却清凉无比，致词后，这种现象自然消失了。我告诉他，这是因为他的虔诚，因而感得佛陀的慈光加被。林代表对于别院设有会议室，盛赞不已，他说从硬体设备，即可窥知它的多重功能。

今天的法会除了“中国电视公司”全球报导做现场录影采访外，会后，《中外日报》记者佐藤孝雄也对我做了一段访问——

◎东京别院今后将发挥什么样的具体功能？

它除了提供信徒联谊、共修之用，尤其着重社会服务工作。今后除了讲经说法外，并将举办各种社会性、文教性的活动，具体发挥社会教化功能。

◎如何在华侨之外，接引日本人学佛？

佛教是不分国籍的，尤其佛教极具包容性与圆融性，今后将与日本佛教界联谊，共求世界和平。

◎对日本葬仪式与娶妻生子的佛教有何看法？

日本佛教在学术研究上，已经有它的地位与价值，各个宗派的信徒也很多，基本上，生老病死是人生必经的过程，因此葬仪佛教也是人生的一部分。不过，今后应该进一步引导信徒认识人间的生活佛教，从生活中落实佛法。只要能给众生正见、正觉以及幸福、安乐，就是最完美的佛教。

◎面对世界纷争不断，佛教徒有何使命？

世界之所以有纷争，人我关系之所以对立，都是因为有"我"。佛教是个讲"无缘大慈、同体大悲"的慈悲之教，唯有无我观和平等心，才能消除斗争，所以佛教徒应该致力于宣扬佛法，使人和无争，世界动乱自然能消弭于无形。

下午二时正，接着举行一场皈依三宝典礼，共有二百多人参加，当中有日本人、有华侨，还有不少大陆留学生。提起这些留学生，这几天的法会当中，我看到他们投入在摄影、搬运，乃至机动性的布置会场等工作中。他们有的远从九州、大阪、四国、京都等地，花了几个钟头的车程，专程前来帮忙。我还听说其中一位邱文仁同学，他在日本留学五年，每逢佛光山有重大法会，必定专程搭机到台湾参加。他说，这就是信仰的力量。今后有了东京别院，相信能够提供这些留学生就近联谊、交流，以长养他们信仰上的慧命。

晚上再为佛光会的干部讲习会主持座谈。会中，西原佑一会长回顾二年前，东京佛光会第一次筹备会议中，只有九个人参加，如今已有会员两千多人。他鼓励与会干部发心在自己的居住地成立分会，随即引起热烈回响，马上有十个人发心成立分会，分别是：

福岛——叶聪明　板桥——叶山胜中

埼玉——柯玉卿　港区——谢张芳珠

丰岛——陈逸民　中野——白文美

新宿——吴陵艳　练马——平野二郎

杉并——吴淑娥、孟子雁

他们希望我很快就能再度前来主持联合成立大会，对于这些干部的发心，我衷心感到欢喜，并且乐观其成。

想到佛教从最初的佛度五比丘，到今天的佛化五大洲，我相信，只要有理念，就能被人所接受；只要有人信仰就会有发展。佛光协会有佛陀的教法做为我们的依止，最终必然为全人类所认同，必将成为世间的一道光明，希望所有佛光会员都能有这份信念与体认。

五月　三十一日　　星期一

连续几天的法会，佛光山在日本留学的徒众慈怡、依量、永传、满庭、满润、宗开、涂玉盏等，也都前来协助。早上得空，特别集合他们讲话，我希望他们今后虽然仍以学业为重，对于别院的寺务、活动，也要多关心、协助，住在东京的，至少一到二周集会一次，远在京都的，最少二至三个月聚会一次，大家要多沟通、联络，才能达成共识，才能共同为弘法利生事业尽心尽力。对于派在东京别院的住众觉用、觉源，我希望他们对待信徒要慈悲、柔和、亲切、大方，不能用气势待人。对负责佛光协会的永伦，我也提出一些行事方针，希望以后凡是活动类应由佛光会主办，法会则由别院主办。佛光会的辅导法师要做别院的义工，别院的法师是佛光会的辅导法师，彼此相辅相成，才能共同成就。

一旁的慈容也勉励他们说：新道场就如同一张白纸，如何彩绘，就在于我们的用心。所谓事在人为，如今有了硬体设备，往后更要在软体上，也就是待人接物方面，给人欢喜、方便、慈悲、亲切，让信徒欢喜来亲近，有了信徒，道场才会兴隆。住持慈惠则计划以后要经常举办佛经讲座等各种文教活动，以接引信徒。

我觉得佛光山的徒众有一个可取的地方，就是“功成不居”，东京别院当初是心平、慈庄他们负责勘察、策划、筹建，如今寺院建成，在宗务委员会上，他们却一致公推慈惠当住持，而慈惠虽然忙于筹建佛光大学，仍一口承担下来。我时常告诉徒众要把“光荣归于佛陀，成就归于大众，利益归于常住，功德归于檀那”，看到他们都能信受奉行，这点令我很欣慰。

傍晚，朝日新闻记者吉田实、花冈事件调查者石飞仁、日中问题研究会会长矢野、教授渡边隆、钟清汉等人到别院来，我以素斋款待他们，在萧碧霞掌厨下，一盘盘美味可口的酥酡妙味，令他们赞不绝口。

餐后，石飞仁送我一本他的著作——《中国人强制连行的记录》。这是叙述一九四五年，日本在侵华战争投降前夕，强掳华工到日本，百般凌虐，引发秋田县大馆市花冈村中国奴工起义抗暴的“花冈事件”之史实记录。

据石飞仁告诉我，中日之战，日本人不仅仅在中国大陆残害中国同胞，同时强拉民伕到日本劳役，估计有四万多名中国人被强押至一百三十五个工地奴役成残、致死。这些人的骨灰在近几十年来已陆续送回大陆，并计划在天津建塔纪念。此事虽然未曾对外发表，在石飞仁的心中深感对不起中国人，因此有心雕塑一尊观世音菩萨像，表示日本人的忏悔。他问我应该取名什么？希望我能提供意见。

石飞仁是日本剧作家，一九六四年毕业于日本驹泽大学，他在偶然机会发现“花冈事件”的史实，基于道德良心，也基于唤醒日本民族对侵略战争的彻底自省，于是广泛搜集资料，出版了《华工集中营记录》，将当年日本军阀押送华工到日本予以奴役的史实披露，以免真相被一手遮天的抹煞。

他曾于八年前亲赴大陆河南，访晤花冈事件领导人耿谆，除了由耿谆亲撰《花冈事件回忆》一文外，石飞仁并与耿谆订下了代表花冈事件受难华工向日本政府讨回公道的工作方针。

石飞仁并曾将这件事的始末编成剧本，于一九八六年率团在台北演出。他说：“必须面对错误，才能求得超越，我们抱着这样的心情，把日本侵华的史实报告出来，希望中日以后能真正的和平相处。”

过去由于日本军国主义不断对华侵略，尤其一九三七年七七卢沟桥事变后，长达八年的对日抗战，其间日本人对中国同胞的残暴伤害，至今仍是许多人心中的伤痛。我自己的一生，也受到这个事件极大的影响。

记得那年发生南京大屠杀，当时我父亲经商到了南京，几次传回家书，说明归期，却始终未见返乡。后来母亲带着我四度外出寻找，仍然杳无音讯。虽然就在寻父途中，我有了因缘在栖霞山出家，不过此事造成日后有几次留学日本的机会，乃至学习日文的机会，我都放弃了。

直到一九八一年，在海峡两岸关系未明朗化之前，因着地缘关系，我在日本太平洋大饭店，与睽违了四十余年的母亲相见。当时，我突然感受到，世间上人与人，乃至国与国之间的恩恩怨怨、好好坏坏，都不是对立法，实在是共业所成。我觉得，如果要使世界获得真正的和平，必须在相互平等的原则下，包容异己，才能达到和平、安乐。甚至民主自由，也必须在尊重他人的原则下，才能谈到自由民主。

最近日本有关单位一再篡改史实与教科书，企图扭曲侵华真相，欣见有石飞仁等日本人士，能够秉持良知，不断发掘日本侵华期间的罪行，公诸于世，并且设法弥补。除为他的道德勇气与和平正义深受感动外，特建议他把即将建造的观世音菩萨像，取名为“中日和平慈悲的圣者”，希望在菩萨的慈悲光照下，日本当局能对过去所犯的历史错误，作出良知的忏悔，使中日两国能够真正建立起永久的和平。

至于要在天津建纪念塔一事，我感觉中国长期受到日本的欺压，这个国仇家恨，在中国人心中本来就已很难抚平，如果四十余年后的今天，再由日本人在中国的领土上建塔纪念此事，是不是会让人觉得日本人当年盛气凌人的气焰未熄呢？势将引起中国同胞的反感。再说，真要建塔纪念，也要由中国人来做，所以我建议他，日本人可以捐款，但要由中国人出面筹建，尤其更重要的是，日本人应对此事做出真诚的忏悔，这才是中国同胞所欣然乐见的！

信仰的价值

世间有缘世间住，
世间无缘随他去；
信仰的价值在于生命的永恒不死。

1993 年
6 月 1 日—6 月 15 日

精华语录

◎因果是不会欺侮我们的，自觉委屈皆因人为因素，故要先健全自己，才不会有烦恼。

◎做人要如滚雪球，不要如吹汽球；做事可以失败，但做人不能失败。

◎在团体中，功劳可以加速我们成长，时间可以给予我们肯定，大众可以推动我们进步。

◎人只要活在欢喜、快乐之中就不会觉得老；凡事只要心甘情愿，做起来就不会有痛苦、悲伤和失望。

◎一个人想成功，必须从委屈、忍耐、受教中慢慢熬炼。

◎对你太好的人情会有压力，排斥你的人事又会让人不自在；好也如此，不好也如此，能不计较人的好坏，人情才会突破，否则会在忧苦中不得解脱。

◎不管环境如何恶劣，世界如何肮脏，只要心中有佛，只要自己是莲花，一样可以清净无瑕。

◎废物可以利用才有价值，人为何不能让人利用？给人利用就有价值。

◎对没有能力改变的环境，要努力培养自己的力量，等因缘成熟后再说，凡事不要着急，着急易起烦恼。

◎从一个人心里经常想的是什么，行为经常做的是什么，谈吐语言经常说的是什么，就可以窥知此人的心安住在哪里。

六月　一日　　星期二

来日本已经五天了，订好今天下午五点二十分的“华航”班机准备返回台湾。中午，承林金茎先生的好意，请我在菩提树素食餐厅餐叙。

记得上次到日本来，也蒙许水德先生之邀，在オクラ饭店共进午餐。

最近我在世界各地弘法，承蒙当地官员的尊重，如过去许水德先生，曾邀请我到日本办事处举办佛学讲座；英国伦敦的戴瑞明先生，也曾赞叹国际佛光会在当地具有凝聚华人的力量。其实佛教讲“竖穷三际，横遍十方”，在竖的时间上来说，我们的真心本性超越过去、现在、未来的时间限制；在横的空间上来说，我们的法身慧命大而无外，小而无内，无处不遍，无所不在。宇宙法界都在我们的心中，哪里还有国界之分？所以我经常勉励佛光会员要做个共生的地球人，也希望借着佛教在世界各地的弘扬，能唤起大家共同建立“世界一家”的美好未来。

这次到日本，听了好几则耐人寻味的趣谈，摘录于下：

◎一个日本青年，对自己的新婚生活感到满意极了！因为，每天下班回到家，妻子忙着帮他拿拖鞋，小狗也亲热地围着他汪汪叫。

三年后，情况改变了，每天回到家，小狗为他衔拖鞋，妻子对他则唠叨个不停，他感到极为苦闷、无奈，因此就去请教寺院的法师。

法师听完他的倾诉后说："很好呀！你的生活不是一样吗？一样有拖鞋，一样有声音叫，不管环境怎么改变，把它想成一样，它就一样！"

◎有一个暴发户，清晨到花园赏花，回房后便对妻子说他生病了。

妻子问："你生了什么病？"

富翁说："早晨到花园赏花，被蔷薇的露水沾湿，所以病了！"

妻子："奇怪！记得以前跟你在外乞讨为生，有一次在苦竹林里被大雨淋了一夜，你也没怎么样呀！现在有钱了，怎么反而受不起了？"

◎小张因为眼疾准备出外看医生。当他一脚跨出门槛，不小心踩到趴在地上的小狗的尾巴，小狗回头一咬，把小张的衣服咬了一个洞。

到了医院，医生好奇的问明原因后，打趣说：“我看你家小狗八成是眼睛有病，否则怎么会把主人的衣服咬破了呢？”

小张回家后，心想：“小狗咬破主人的衣服事小，夜晚不能看守门户才严重呢！”

于是，小张把医生给他的药调给小狗吃，自己则吃小狗剩下的残渣。

◎美国洛克菲勒有一次到了日本，想住饭店，经理想到他是堂堂石油界巨子，便为他安排总统套房。

洛克菲勒问经理说：“有便宜一点的房间吗？”

经理于是为他安排次等的房间。

洛克菲勒再问：“还有更便宜的吗？”

经理只好再为他安排更次一等的。

等洛克菲勒住进房间后，经理忍不住问道：“您的儿子小洛克菲勒每次来日本，都是住最豪华的总统套房，为何您自己反而如此节俭呢？”

洛克菲勒说道：“因为我儿子有一个有钱的老爸，但我没有呀！”

这个故事使我想到，这次佛光山不少出家弟子到日本参加东京别院落成法会，我心想他们应该住普通饭店就好了，没想到他们都跟信徒一样住进大饭店，而我只住别院的一间小室，我只好自我调侃说："他们大概自以为有一个像洛克菲勒一样的师父吧！但是我没有呀！"在一旁的信徒听了马上接口说："大师！您可别忘了有一大群信徒，永远护持您呢！"

六月　二日　　星期三

为了全面提升青少年品质，培养优秀杰出的下一代，由国际佛光会世界总会、"中国时报"、巨东慈善公益基金会联合主办，"中国广播公司"协办以及教育主管部门、台北市政府等单位指导的"世界华人第一届杰出青少年选拔比赛"已经在各地热烈的展开。今天上午，负责文宣的工作人员特地来为我摄影，作为该比赛的宣传海报，并且访问我对青少年前途的看法。我觉得青少年犹如旭日初升般有无限的希望、无限的未来，要有前途，必须——

1. 自强不息
2. 乐观进取

3. 勇敢忍耐

4. 广结善缘

这次的比赛具有深远的意义，不只横跨海峡两岸，更是全球中国人的要事，希望有志的青少年能够好好地把握机会，踊跃报名参加！

随后，我又接受了《民生报》记者袁子伦的采访。针对目前推行的“向毒品宣战运动”，问及过去很少有人会吸毒，为何现在吸毒的人却越来越多？

我认为过去很少有人吸毒是因为他们心中有伦理道德、忠孝节义、因果报应、宗教信仰，他们懂得反省忏悔，知道非礼勿视、非礼勿听、非礼勿言，以礼来规范自己，因此，外界的任何邪恶都不易进去。

今天的社会灯红酒绿，风花雪月，吸毒的人主要是因为心灵空虚、过多的诱惑，缺少眼、耳、鼻、舌、身、意感官的刺激，在思想、身心方面均感到不安乐、不自在。为了追求六尘、寻找刺激，就逞一时之快用毒品来麻醉自己。所以，我们心中要有佛法、慈悲、财富，如果心中充实，心里有内涵，就用不着外面的东西了。以国际佛光会积极性的活动举例来说：推动环保，大家可以从扫地中去除心中肮脏的垃圾；捐血救人，既然能够将身体里宝贵的血液捐献出来，外面的金钱也就不会有所贪求了；为人服务，让大家从牺牲享受、享受牺牲中获得快乐；此外，多提倡正当的活动，将佛学讲座推行至校园、机关，以佛法深入家庭、深入人心。

至于如何才能戒除毒品呢？我觉得要戒毒很困难，唯一的方法必须“要有代替品”，也就是要有佛法。譬如当一个人很渴时，即使是一杯脏水，他也必定毫不考虑的把它喝下去。如果当下有果汁、汽水、咖啡，他就不会去喝脏水了。因此，今日的社会必须靠佛法来代替毒品，只有佛法，才能解决问题！

目前国际佛光会正积极地筹划全台湾长远性的反毒宣导工作，将于八九月间召募一万名义工至各单位、机关讲说吸毒之害，经过大家长期的关心与努力，我相信社会上吸毒问题应该会得到改善。

在谈到有关部门增设戒毒机构的态度，我认为应以“先建后拆”来建设戒毒者的心理，否则，戒毒期一过，仍然会有人重蹈覆辙。在这方面，官方可以利用现有的资源，给予民间团体协助，共同来进行向毒品宣战运动！

下午二时，“中信集团”纬来公司总经理陈继业先生在勾峰居士的陪同下，来向我解说电视第四台的频道播放情形。目前台湾有四百万户人家拥有电视机，平均四户之中就有一家安装第四台的天线，勾峰听了愿意发心制作佛光剧场，这样，佛法的弘扬就可以透过佛光电视台，渐渐地接触每个家庭了。

晚上六时三十分，特于普门寺设宴款待上月底由佛光山文教基金会、“中央大学”文学院、“中国古典文学研究会”主办的“文学与佛学关系研讨会”中与会的教授、学者。出席的人员有蔡信发（“中央大学”文学院院长、“中国古典文学研究会”常务理事）、林平和（“中央大学”中研所所长、中文系主任）、朱建民（“中央大学”哲学所所长）、郑琳（“中央大学”中文系副教授）、康来新（“中央大学”中文系副教授）、李瑞腾（古典文学研究会理事长、“中央大学”中文系副教授）、龚鹏程（淡江大学中文系教授、“中国古典文学研究会”常务理事）、江灿腾（“清华大学”、台湾大学兼任讲师）、丁敏（政治大学中文系副教授）、熊琬（政治大学中文系副教授）、蓝吉富（“中华佛学研究所”副研究员）、封德屏、高惠琳（“中国古典文学研究会”秘书）以及陈慧剑（《龙树》杂志社负责人）等十四位先生小姐，大家借此机会互相交流了文学与佛学的意见，在热烈讨论交谈的气氛下，相见甚欢。

六月　三日　　星期四

在加州大学念书的满学，被学校派往大陆访问四个月，今接其来信——

师父上人：

弟子满学参加校方组成的大陆参访队，进入大陆已一月余，目前行程已经到达西藏拉萨，这次从敦煌到拉萨，让弟子发现在中国什么事情都有可能发生。例如，这次从格尔木到拉萨，坐的虽然是日本巴士，可是当我们经过一座一万五千呎的高山时，巴士忽然坏了，在山里被困了两天，直到另外一辆巴士来，这两天都在下雪，而且也没有东西吃，只有一直喝热水驱寒和靠佛菩萨加被，才能平安到达拉萨。

这两天让弟子深刻感受到藏族人真了不起，环境那么冷，饮食又那么缺乏，却好像没事似的，仍过得那么安然，不像我，还要靠他们的奶油茶来摄取维生的热量（虽然不好喝，但除此之外别无他物，为了生存，也只好勉强自己接受）。这股坚强耐力的特性，就是西藏人生存的条件。

在西藏有四天时间，参观了不少寺院，最大的寺院就在拉萨市。每天从早到晚，大昭寺前都有很多信徒在拜佛，有些人还是一整天的拜，这种精神实在是了不起。

有一次，弟子到拉萨市外的甘丹寺参观，有两个小时车程，在路旁看到一位年纪很大的藏人三步一拜的从甘丹寺拜到大昭寺。

过两天老师将安排我们跟西藏大学的校长见面，相信队上的同学们和我一样，都会有很多问题要发问。

因签证问题，弟子会提早一个月离开大陆，等回到西来寺时再向师父详细报告此行心得。

在此向师父上人问安！

弟子满学顶礼

最近接到不少海外徒众的来信、工作报告、活动计划等，都让人很宽心，大家都有很具体的度众成果。深感最近这一两年派往海外服务的英文佛学院的徒众都很优秀，不仅勤劳、担当、受教、谦虚，更具有耐力、定力和恒常心！这讯息忍不住要转达给在英文佛学院就读的同学们知道，希望大家能秉承此优良风气，为“英文佛学院”树立一个很好的形象。

很多人在读书或工作时，遇到挫折、逆境就想回头或换工作，对自己的学习没有规划，完全凭一时好恶喜怒在做事，实在是很不成熟的举止。

今英文佛学院觉开等十五位同学，分别说出他们心中的一句话，来响应自我规划的生活——

◎师父的话，我会奉行一生。

◎常住的安排，必定信受奉行。

◎自我精进，要做好一个出家人。

◎乐观欢喜，将自己所有与人分享。

◎吃苦耐劳，配合常住的需要。

◎从学习中感到不足，我会更加精进。

◎在工作中培养因缘。

◎活在每一个当下。

◎发心，绝不落人后。

◎随缘安住，但不随波逐流。

◎持之以恒，包容宽厚。

◎勇于承担，吃苦耐劳。

◎心中有主，尽心尽力。

◎我已壮大了慧命，不做蕉芽败种。

◎脚踏实地，知足感恩。

应职事们的要求，晚上八时三十分在东禅楼礼堂和大家座谈，我把前两天在日本东京别院落成的盛况，述说给职事们分享，也把在日本买回来的钥匙圈，送给每一个人。这一两年来，如果我有空，大部分都是召集学生讲话，职事们常是附带的“旁听者”，今晚的聚会只有职事参加，大家发言都非常踊跃，言词中洋溢着对常住的关心、忠心和爱心！为增进徒众对海外道场的了解，也希望海外道场的弘法风尚能和本山一体，特嘱传灯会拟定办法，让在职服务的职事们有轮休的时间，分批参访在世界各地的佛光山别分院道场。

六月　四日　　星期五

利用这两天没有对外行程，特安排学院学生、应届结业同学、本山妙慧楼女众员工们，分批与我座谈，希望利用这个机会，听一听大家心里的话，并替大家解决一些问题。“座谈”重要的是要取得上下交流回应，如果只是让我一个人在唱独角戏，那就失掉与大家座谈的意义，希望“我有话说”在佛光山是一种风气，我喜欢到处都有声音！依徒众的发问，简答如下——

◎对人生的规划不是依理想，是要依自己特性、专长和需要来拟定，而非作画似的依需要来着色。

◎学习有表情，人与人最重要的事，就是要沟通交流，互相往来，如彼此帮助、彼此提携、彼此尊重、彼此结缘，“人”的问题不解决，事业很难有成就。

◎对你太好的人情会有压力，排斥你的人事又会让人不自在；好也如此，不好也如此，能不计较人的好坏，人情才会突破，否则会在忧苦中不得解脱。

◎大家要好好的珍惜相处，才好做事。

◎不要将人事上的得失，放到心里去。

◎每一个人都应该对自己负责，尤其对自己的承诺，要能完全实践。

◎信仰深、愿力大、有佛法，自然内心染不上世俗情爱；培养礼佛、看经、工作、发心、和众的性格，自然会每天生活在欢喜中。

◎住得好、吃得好、买得起、用得起，并不一定是富足，学佛者要心中拥有，才是富足。

◎对没有能力改变的环境，要努力培养自己的力量，等因缘成熟后再说，凡事不要着急，着急易起烦恼。

◎出国弘法除要具备语言能力外，更要有佛法；出国是去开山、创业，要有拓荒的精神，不是去观光旅游。

◎发心的人要能任劳任怨，不诉苦、不抱怨、不比较、不计较，是学佛者要培养的工作情操。

◎佛门是五浊恶世的安全港。

◎人人都有佛性，都有可能成佛，只要有信心毅力，有什么事不能成功？

同学们对实习工作的选择，我给予的意见是——

◎典座是培福的工作，知客是结缘的工作，库房是惜福的工作，社教是智慧的工作，医疗是慈悲的工作，教书是播种的工作，园艺是净土的工作，殿堂是接引的工作，文化是度众的工作，你们大家要做什么工作呢？

◎金库房、银客堂、珍珠玛瑙下厨房。

◎学习以佛法为本，增加多方面的技能，不要孤陋寡闻。

◎知客首要条件：亲切、主动、微笑、耐烦，并要具备能记住信徒姓名、特性、嗜好的能力，并真心为他服务。

◎每一个人入佛门的因缘各有不同，与人方便可以培植他人的学佛慧命。

◎慈悲心是要付诸行动，而非口头说的。

◎废物可以利用才有价值，人为何不能让人利用？给人利用就有价值。

◎殿堂知宾、香灯是信众和佛祖间的桥梁，要用智慧、权巧、慈悲来接引，给人欢喜。

◎对工作选择一经决定，就要全力以赴，不轻易改变。

◎因果是不会欺侮我们的，自觉委屈皆因人为因素，故要先健全自己，才不会有烦恼。

◎做人要如滚雪球，不要如吹汽球；做事可以失败，但做人不能失败。

◎度一个信徒千难万难，得罪一个信徒却只要一句话，岂可不慎？

◎慈悲心是可以培养的，尤其是出家众，什么都可以没有，但绝不可以失去慈悲心。

六月　五日　　星期六

国际佛光会台中分会的督导沈尤成居士，日前送我一幅画——半身的观世音菩萨画像，色彩非常柔淡，朦胧中含蕴着一股宁静，给人一种不食人间烟火的意境。我看过的佛菩萨画像不计其数，但类似这种风格者并不多见。从沈居士处得知作者是住在新营附近的施金辉先生，因此特地打电话给施先生，约好今天下午到他府上拜访。

窗明几净、古意典雅是施府给人的第一个印象，画家施金辉和夫人林颖英都是学美术的，多年前施先生因病发高烧，影响到神经，等清醒时，却发觉不良于行。施先生很乐观而开朗的说道：或许是因此因缘，他才能静下心来好好作画，真是塞翁失马，焉知非福！

平常只在电视或报章杂志上看过我，前两天得知我要来，施先生一直不敢相信，以为是在做梦。“平常并没有培植什么因缘，大师怎么可能会到我家呢？”看到我的出现，施先生感动的说，这都是他画观音菩萨的感应。

提到画观音像，施金辉先生的眼睛都亮了起来，他说：每次在画菩萨像时，都会做梦，他笔下一点一划的轮廓，都是他梦中所看到的景象。梦醒时分，下床第一件事就是赶快打草稿，以免太清醒了而记不得梦中景象。施先生说在梦中瞻仰佛菩萨的圣容时，菩萨眼睛就像螺旋似深深的吸引着他，整个人几乎都要被卷进去，每幅菩萨像皆因有所梦才下笔的。施府客厅已有好几张完成图，每幅观音的姿态手势都不一样，桌上也有好几幅正在打稿中。

我建议施金辉先生有系统的收集唐、宋、明、清以来的观音画像，重新整理归类，将来可以做一次“百幅观音展”，或一系列的“百幅禅画展”，届时佛光山文物展览馆，一定优先展出这些作品。

在佛教界，通常都是先有道场，再有信徒，但是新营地区，最近却有不少佛光山的信徒，在国际佛光会新营分会督导张彩华、会长林水云的带动下，应新营地区信众的需求，想建立一座讲堂。下午三时，他们特别借用保险公司的会议室，集合新营地区的会员干部，请我到现场与大家座谈，解说未来“新营讲堂”的规划、型态、弘法目标，以作为信众努力的方向。

佛陀在世时，讲经说法的地方就称为“讲堂”。新营讲堂未来将是一个解行并重、融合宗派、亲子共修的修持道场。座谈会中有很多贵宾，如：新营市长黄金镛、台南县议员何丽华（新营市长夫人）、大中医院院长潘捷夫、正和制药公司董事长王正和、育德工商专校董事长刘乃仁、金汉鞋业外销公司董事长涂灿瑝、新营合作社理事主席蔡熊雄、国泰人寿新营经理邱富助、同济会首任会长黄石吉、新营省立医院总务范福堂、土木工程师郭文宏、新营讲堂承建商张英贤，以及新营地区佛光会的会员干部等近两百人。

世界上所有的事业，以宗教事业的生命最长久，而道场的兴建尤其需要付出辛苦和责任。看到大家对“新营讲堂”的用心、关心和热心，我预祝他们工程顺利，并且表示落成时我一定亲自前来主持。

晚上七时三十分，在善化慧慈寺原有一场皈依典礼，因为报名信众已超过一千二百多人，慧慈寺的大殿容纳不下，因此临时把皈依地点改在善化高中树人堂举行。

人的念头（善念、恶念）在一天当中起伏轮转不知多少次，如果能够“一念净信”，一定能够消除业障，发心皈依的人，便是至诚发心信佛的净念者，真是功德无量！

善化镇长王章夫妇、议员梁水上、善化高中校长林哲雄等人，都参加了今晚的皈依。每次主持皈依典礼都看到很多不同层次的社会人士参加，为佛教又增加了一股新的力量，感到无比的欣慰。

六月　六日　　星期日

由教育、农业、环保主管部门和“《中国时报》”社等单位主办，财团法人寿山文化基金会承办的“种两千万棵树救台湾水源运动”，今天上午在寿山公园展开。国际佛光会高屏地区各分会也响应此活动，在高屏地区设立了一百多个废纸回收站。

承办单位林寿山先生指出：“种两千万棵树救台湾水源运动”，在去年举办时，获得热烈的响应，今年是第二年，去年在寿山上种植了二千五百棵树，凤山水库种植了一千五百棵。今年台湾种树活动中心设在高雄地区，预计在凤山水库七十公顷的面积内，种植十四万棵树。

一棵树，一天可以蒸发一百加仑的水量，它所调节的温度，等于五个冷气机开动二十个小时的功能。而林木对降雨有截流作用，能减少洪水，增加土壤孔隙，使水分容易渗透，补注地下水。如果以台湾森林集水区面积一百五十七万公顷来估计，台湾的森林共可涵养一百四十亿立方公尺的水量，此一数量恰好是目前工业、家庭、商业用水量总和的二倍以上，因此若能好好保护森林，应该不会有干旱的问题。

今天到寿山公园参加种树活动的高雄市民和佛光会会员计有千人之多，在现场我对大家说道：大自然的资源就像在银行的存款一样，花草树木不要轻易破坏，保护环境就如同保护我们身体一样，身体像房子，血液如河流，毛发如树木花草，鼻子如空调，眼睛如门窗……要以爱护身体的心态来爱护环境，珍惜大地资源就如同珍惜我们自己的身体一般，不敢轻易斫伤，希望我们大家一起来努力做环保，那就是地球之福了。

另外，国际佛光会高屏地区的会员所发起的废纸回收运动，仅仅一个上午，寿山公园现场的废纸集中处，就回收了七万余公斤，还源源不断的从各回收站运抵现场，场面非常壮观感人。这是非常有意义的活动，希望在民众的共识下，废纸回收的工作能够每日持续进行，达到一定的成效。

佛光山每年在观世音菩萨的纪念日（成道日农历二月十九日、圣诞纪念日六月十九日、出家纪念日九月十九日）都例行举办皈依典礼。近半个多月来，报名参加皈依的信众已逾三千多人，因此社教处只好分几个梯次举行，下午一时三十分，在檀信楼由我主持第一梯次近一千五百人的皈依典礼。

今天皈依的信众中有高雄师范大学的教授林文钦夫妇、屏东讲堂建筑师李光辉、“《中国时报》”记者苏正国、台南功德主蔡总镇居士合府三十多人……其中“《中国时报》”记者苏正国先生，跟佛光山已有十六年的因缘，直到现在才发心皈依，该算是一段很长的信仰慢跑，不过我仍很高兴苏记者没有在佛门中流失！

有一位八十岁的瑞士籍绅士，曾为他自己的生命作了一个类似玩笑的统计，在八十年的岁月当中，他——

睡觉花了二十六年，工作花了二十一年，吃饭花了六年，生气时间将近六年，与人约会的等候时间浪费了五年，叱责孩子花了二十六天，刮胡子占了二百二十八天，打领带用去了十八天，上厕所二百四十二天，擤鼻涕十八天，点火抽烟花了十二天，一生之中只有四十六个小时在笑，而整整八十年中没有一点时间在思考。哲学家舒勒斯（Louis Shores）说："一个人如果每天阅读十五分钟，每星期平均可读半本书，一个月可读两本书，一年可读二十本书，一生至少可读一千册以上的书，可以吸收到许多古今中外伟人的智慧，成为一个博学多闻的人。"如何安排自己的岁月年华，实在是一门深奥的学问。

六月　七日　　星期一

国际佛光会在世界各地纷纷成立分会，引起很多国家对创会的"佛光山"十分好奇，各国的报界、杂志、学术界、观光业都来函向本山索取简介资料，英文、日文、韩文的简介资料供不应求，葡萄牙文、西班牙文、德文、法文简介也正在积极排版赶印中。所有关于佛光山资料中，最受人欢迎的莫过于《佛光山开山二十周年纪念特刊》，不仅内容丰富翔实，事实上就是一本“纸上佛光山”。回想当初在编印《二十周年纪念特刊》时，仿佛还是昨天的事，然而佛光山的弘法脚步，今年已迈入第二十七个年头。回顾这些年来，我有些许安慰，那就是佛光山开山二十七年来，树立了以下的成就——

一、建立现代教团的体制

1. 两序有级平等发展

为顺应时代潮流，佛光山建立了一个现代教团，男女两序大众皆能平均发展，每个成员在教团中，只要事业、道业、学业上有所表现，都会给予定位。在团体中，功劳可以加速我们成长，时间可以给予我们肯定，大众可以推动我们进步。佛光山已为丛林教团建立一个非常完善的示范制度，这都是佛光山全体住众共同努力的功德。

2. 僧信四众和谐相处

佛光山是属于比丘、比丘尼、净士（在家未婚男众，发心终身奉献佛门者）、师姑（在家未婚女众，发心终身奉献佛门者）的四众道场，大家都能各有所安，因此可以凝聚力量，共同为佛教的弘法利生事业而努力。

3. 奠定教团事业基础

佛光山在教育事业上，办有幼稚园、普门中学(初、高中)、佛教学院、西来大学、技艺学校、信徒讲习会、都市佛学院；在慈善事业上，办有养老院、育幼院、云水医院、施贫赈济、友爱服务、万寿园公墓等；在观光事业上，办有朝山参访，有益现代人生活的各种传教事业，如：流通处等；在文化上，有佛光山文教基金会、佛光净土文教基金会、大藏经编藏处、视听中心、佛教文物陈列馆、电视弘法、《觉世》、《普门》、佛光出版社、佛光书局，提升了智慧的贡献！

这些工作都为教团奠定了事业基础。

4. 文化教育上的成就

自古以来，佛教大都在寺院山林中，以静修为主，历代以来鲜有人热心于经典的刊印。现代社会文化事业越来越普遍，佛光出版社每个月定期出版佛教丛书；每月三期传播新知的《觉世》已发行近一千三百期；每月一期的《普门》在佛教界被公认为一流的，在社会上也为多数人所赞叹！编藏处重新编纂的现代新式标点《佛光大藏经》《佛光大辞典》……都为佛教文化树立一个新的里程碑。在僧伽教育上，从一二班小型的佛教学院，到现在具有十个分部二十班以上的丛林学院，所培育出来的人才，都已各驻一方，尤其在海外，道场的主其事者，百分之九十皆是佛光山丛林学院的毕业生。

二、建立国际佛化体系

1. 国际佛光会

目前全世界五大洲六十多个国家地区，有近百个国际佛光会的总会、协会，真的是有太阳的地方就有佛光会，有海水的地方就有佛光人，但佛光山并不以此为满足，在度众上不仅要度华人，也要度化不同肤色种族的外籍人士，对异教人士更要建立友好关系，佛光山最大成就莫过于在佛光会员的推动下，将佛教国际化。所以，各地的别分院，对佛光会的成长要给予协助，信徒是道场的根本，佛光会是我们的护持者，相辅相成，为佛教国际化而努力。

2. 各国道场

佛光山目前在海外开创的道场有——

美国：洛杉矶西来寺、圣地牙哥西方寺、旧金山三宝寺、纽约佛光寺、佛罗里达州禅净中心、奥斯汀讲堂、夏威夷禅净中心、达拉斯道场、凤凰城禅净中心、关岛佛教会。

加拿大：多伦多佛光寺、温哥华讲堂。

巴西：如来寺。

英国：伦敦佛光寺。

法国：巴黎佛光寺、巴黎道场（古堡）。

德国：柏林禅净中心。

澳洲：雪梨南天讲堂、南天寺、布里斯本中天讲堂、中天寺。

纽西兰：奥克兰禅净中心、南岛佛光讲堂。

南非：南非佛光寺、新堡禅净中心。

香港：佛香精舍、佛香讲堂。

泰国：曼谷道场。

菲律宾：慈恩寺、圆通寺、马尼拉讲堂。

马来西亚：南方寺、仙都讲堂、青莲堂。

印度：鹿野苑中华佛寺。

日本：东京别院。

这些道场都是佛光山弟子们国际弘法的成果，实属难遭难遇的因缘。

3. 国际会议

佛光山及西来寺从不间断地举行国际会议，会议主题上及唐、宋年代，扩及显、密、禅法门，各种人种教派也大都因此会议的因缘而聚在一起，因国际会议的成果，更建立佛光山在国际上的形象。

4. 宗派交流

佛光山多数别分院为“中华汉藏文化协会”会员、“蒙藏委员会”委员，积极筹划兴建“西藏佛寺”，和韩国通度寺、泰国法身寺缔结兄弟寺，此皆是国际佛教的交流；目前在美国、日本、非洲、澳洲、印度、阿根廷、巴西、法国皆有佛光山的留学生，真正发挥了国际化的影响。

三、建立人间佛教的社会

佛光山早期提出人间佛教的宗风时，不仅不为人认同，甚至还有人讥为肤浅，而现在佛教界则一再提倡人间佛教。所有佛门经典义理，如八正道、五戒十善、四摄六度、四弘誓愿……哪一样不是人间佛教？对人间佛教，希望能从精神意义上多去了解体会。

人间佛教是与人为善的、欢喜融和的、彼此尊重的、给人幸福的、父慈子孝的，其成就有：

1. 生活法语

佛光山电视弘法委员会十几年来在电视上所制作的弘法讲经节目，如：“星期讲座”、“每日一偈”、“星云禅话”、“星云法语”……都已成为社会上各阶层人士生活上的格言，尤其在公共场所中，法语是大家最喜欢的话题。

2. 佛化家庭

日本的信众单位都是以檀家（一个家庭）来计，而非个人，因唯有如此佛法才方便带进家庭、融入生活，佛光山度化信众也积极朝这方面努力，故本山每年的佛光山信徒香会、功德主会、法会、佛光会，都是夫妇们一起出席，为佛化家庭做了一个很好的示范。

3. 社会应用

现在社会人士，工厂动土、开工、开光、婚丧喜庆（佛化婚礼、告别式）都离不开佛教；到军中弘法开示，官兵们也喜索护身符；一般文化界也以争取佛光出版社的书籍为快；教育厅并指示全省教育单位尽量将活动安排在佛光山，用宗教来熏习学子们的心性，这些都说明，佛门道理是可以应用在社会上的。

4. 多项活动

佛光山开创了多项活动，如：回归佛陀时代、短期出家修道会、全省从北至南行脚托钵法会、禅净密三修法会、世界佛学会考、把心找回来系列活动等，不仅将佛法带进每个家庭，更带动社会正当的活动。

四、建立两岸交流方式

身为中国人，不管是本土化、国际化或是两岸统一，都很重要。本着身为中国人当做中国事的理念，尤其对大陆寺院的支援、补助都尽力表示关怀，对中国佛教更有一份心——

1. 北方文化事业：佛光山将在北京大学附近着一据点推动出版社、杂志、书局等文化事业。

2. 南方教育事业：在离南京雨花精舍约十五分钟的车程处，将开办金陵书院，以做为人才培训、文化研究、服务等中心。

3. 佛协为基础：本山每年提供两百名奖学金，由中国佛协代为颁发，日后仍将继续与佛协往来。

4. 文教为本怀：非仅到大陆建寺院而已，文化教育的事业都是我们要积极从事的。

以上只是简略叙述佛光山二十七年来的些微成就，实际上，我们的努力不止于此，但志以为录，希望在编录《佛光山三十周年纪念特刊》时，作为参考。

六月　八日　　星期二

应“中联炉石处理资源化股份有限公司”总经

理蔡马琫先生之邀，上午十时，前往“中联”主持其资源石化厂开工祈福仪式。

“中联公司”是由“中国钢铁公司”所分出来的一个子公司。“中钢”成立于一九七一年十一月，为台湾唯一一贯作业的炼钢厂，最终建厂规模为年产粗钢八百万公吨。截至目前，已完成三个阶段的建厂及扩建工程，年产粗钢能量累积达五百六十五万二千公吨，为自由世界二十大钢厂之一，并且为国际钢铁协会的正式会员工厂，具有理事及执行委员身分。

“中钢”对执行品管作业非常严格，产品品质获得海内外用户的普遍认同。“中钢”除了钢铁产品的事业领域之外，有鉴于多角化经营，已成为目前世界各大钢厂适应多变化经济环境的共同策略，为了扩大企业经营层面，于一九八五年接办公铝公司铝轧片及熔铸等设备，一九八九年“中钢”转投资的“中钢碳素化学股份有限公司”，正式成立。

据一九九二年度，“中钢”营业收入为五百七十五亿四千三百万元，支出为四百六十七亿四千五百万元，粗钢产量六百二十五万公吨，钢品产量五百零五万四千公吨，钢品销售量五百一十万八千公吨。“中钢”全体员工有九千六百余人，平均员工粗钢产量为六百九十公吨。

“中钢”的炉石年产量约二百二十八万吨。台电的飞灰以大林厂及南部的工厂年产量约三十万吨，早期均抛弃填海，这方式不但浪费资源，并且容易引起环保问题。高雄市环保局有鉴于此，本着废物利用之理念，于台大土木工程研究所材料试验室与大林蒲试验场，从事材料及大规模户外实际运作大量飞灰与炉石试验，使飞灰与炉石转为有用的施工材料。

试验结果，炉石与飞灰均具有与水泥功能相似的胶结能力，早期强度稍差，但终期强度较水泥更佳，并且具有抗拒海水腐蚀的功效，最适合海堤工程使用。也因此高雄的再生土地——“南星计划”，就采用炉石及飞灰构筑海堤，以降低海堤造价，并利用建筑及事业废弃物填筑新生地，解决环保问题，此为利用废物、创造新生地资源的典型范例。

“中联公司”董事长张宏先生在开工祈福典礼上表示：“中联炉石化工厂”成立的目的，是利用“中钢”的废弃物加工研磨而成水泥，废弃物资源化以提升环境保护的层次。炉石资源化的推展经“中钢”长期的努力，受到台泥、亚泥、嘉新台湾三大水泥公司的支持。“中联”炉石水泥的特性为：

1. 优异的后续强度增延性

2. 具低水合热的特性

3. 提升混凝土的耐久性

4. 具优异的水密性及耐磨性（高致密性的混凝土）

5. 可预防混凝土钢筋腐蚀

在开工祈福典礼中我赞叹道：“中钢”与“中联”的所有同仁都是环保的实践者，能将废弃物做成有用的水泥，是最具体的回收德政，我将一首描写石灰的诗改了几个字，赞曰——

千锤百炼出“中钢”，烈火焚烧不寻常；
粉身碎骨都无怨，留得坚固在人间。

晚七时三十分，在台南讲堂与台南县市二十个国际佛光会分会督导陈顺章及会长、干部们座谈。席间前来参加的贵宾有：永康市市长周鸿儒、省议员李明通、永康分局局长刘聪明、大大建设公司董事长王大进、徐燕夫妇、万国制药厂董事长蔡四松、瀛美压克力公司董事长王清珍、松天公司董事长陈士松、欣宏实业公司负责人林邦辉、调查局台南市站谢标泽、高雄市印书局社长高文彬、普愿流通中心董事长翁敏政、古泰公司吴世辉、名书法家蔡渔、“《中华日报》”记者江惠松先生等多人。

就会员干部的发问，简答如下——

◎人只要活在欢喜、快乐之中就不会觉得老；凡事只要心甘情愿，做起来就不会有痛苦、悲伤和失望。

◎要注重家庭和乐，随喜随缘参加活动。

◎世间有缘世间住，世间无缘随他去；信仰的价值在于生命的永恒不死。

六月　九日　　星期三

由高雄中山工商主办的“台湾区高级中学一九九二年度延教班业务研讨会”，今起一连三天，借用本山麻竹园召开。

延长以职业教育为主的公民教育，简称为“延教班”，有两种——

1. 由企业界提供经费，学生在校所习与工厂工作技艺相同或相关之职业进修教育，称为“技术生进修式延教班”。

2. 由政府负担部分经费，学生部分收费，由中学推荐及登记入学采“年段式”课程之职业进修教育，其所设班级简称为“延教班”。

应主办单位中山工商校长黄国清先生之邀，晚七时三十分在东禅礼堂以“佛教教育法”为题对来自全省高中的校长、教师等百多人，介绍佛教的教学方式——

1. **佛教教育方法：**先度后教，先疑后悟，先福后慧，先修后学。

2. **佛陀教育特色：**神通游戏，譬喻说法，六根互用，观机逗教。

3. **丛林教育方式：**无理对有理，空无对我执，无情对有情，关闭对开放。

4. **佛教对现代教育之看法：**生活教育重于知识教育，普济教育重于个己教育，道德教育重于功利教育，自觉教育重于接受教育。

这两天报上刊载对台北捷运系统的工程进度，很多单位都付与关心，检讨、监工、核对进度的讯息时有所闻。这对台湾而言，是一个“行”的里程碑！在外国，各地区的地下铁，均具有辉煌历史，对人类有功不可没的贡献，如——

纽约地下铁，建于一八六八年，全程三百九十三点五公里，经过四百七十一个站。

伦敦地下铁，建于一八六三年，全程三百八十七点九公里，经过二百四十八个站。

东京地下铁，建于一九二七年，全程一百九十七点三公里，经过一百八十四个站。

莫斯科地下铁，建于一九三五年，全程一百八十公里，经过一百一十四个站。

依各国地下铁的距离，即可得知其服务的功能，各有千秋，而其中最早通车的伦敦地下铁，已超过了一百二十年了。

六月　十日　　星期四

黎明即起，佛前焚香礼拜，恭诵《金刚经》一卷，回向母亲寿诞，普愿天下父母皆能健康平安、吉祥如意。

上午十时，驱车北上，途经嘉义，特绕道到圆福寺，巡视正在兴建中的地藏殿，并和嘉义圆福学园的学生们座谈。时逢学期即将结束，对下一学年的寄望和期许，是和同学们谈话的重点：

不懂得如何发问的人，是不懂得思想的人。人是活动的，要活到老学到老，结业后，即使当了职事，仍然可以一边服务一边自修，如果能从工作中去体验一定更容易进步；反之，一个不懂得如何工作的人，不见得会读书。

读书重在个人自修，不一定完全在学校（除非是专业性的学术路线），读书是很快乐的一件事，要读出趣味，读出欢喜，而不是越读越苦恼。

中午十二时，接到慈惠由南京雨花精舍打来的电话，说母亲要跟我说话。今天是母亲她老人家的九十五岁寿诞，前些日子，心平、慈庄、慈惠、慈容、慈嘉、依空、萧碧霞等多人都先后抵南京雨花精舍会合，准备在今天为母亲祝寿。

想到母亲，忧喜交集，记得一九四九年刚到台湾，就时时打听母亲的下落，只知道四十多岁的母亲每天仍要靠做工来换取口粮，直到一九七八年慈庄到美国开山建西来寺时，才辗转联络到母亲。一九八一年在日本第一次和母亲会面，从此我都尽可能在物质方面孝养母亲，而离家四十年后，一九八九年第一次回大陆弘法探亲，在扬州家里才停留五十分钟。

电话那边传来母亲欢喜的音声，说今天家里人好多好热闹，就可惜少了一个（指我），接着便抗议今年春节回乡时来去匆匆，只看到我的人，却没时间跟我讲话……足足埋怨了三分钟之久，我想插句话的机会都没有。从电话里，隐约可以听到母亲周遭吵杂的谈话声，虽没有目睹，但可以想象是一幅欢欣和乐的“寿婆庆”图，而这幅图的主要结构是——

制作人：慈庄

主持人：心平

导　播：慈惠、慈容

主　演：萧碧霞、吴宝琴

编　剧：慈嘉、依空

场　记：慧龙

道　具：道悟、满中、满纶

演　员：大舅、二舅、三舅、大姊、大哥、大弟、侄男、侄女、侄孙

幕后影响人物：星云

祈祝母亲：无量寿佛

从圆福寺出来，顺道巡视了头份禅净中心、桃园讲堂、员林讲堂、板桥讲堂等道场，刚从西来寺回台的王雪凤小姐也随行在旁，说道：“从各别分

院的建筑、装潢、布置，都可看出师父的心血并感受到佛光山的宗风。只是怎么那么巧，在我们讲堂下面都开了卡拉OK、酒店、超市、舞厅、理容院？”

我答道：“上面是天堂，下面是地狱，人是从地狱上天堂的。”

做人何尝不是如此，不管环境如何恶劣，世界如何肮脏，只要心中有佛，只要自己是莲花，一样可以清净无瑕。

晚，七时抵普门寺。

六月　十一日　　星期五

为了慰劳终年在普门寺发心服务的“普门寺女青年会”的青年们，今天特地从行程中安排出空档，由我亲自带队陪同大家到澎湖一游。

上午八时，飞机准时起飞，从松山机场到澎湖航程需要三十五分钟。我们抵达马公机场上空时，因为雨雾浓厚，在空中盘旋了二十五分钟之后飞机才降落。

澎湖岛的开发，远比台湾本岛还要早，澎湖原名“平湖”，自元代起，便设有巡检司，并置有军队。元代称为泉州外府，隶属于福建省同安县，明代曾经一度废除巡检司，后来复设。今日的马公镇，因明代时建有一座妈祖宫，故其地名又称为“妈祖宫”，后简称为“妈宫”，到了日据时代始改名为“马公”。

踏出马公机场，澎湖海天佛刹住持心舫和国际佛光会澎湖分会会长陈清福先生，早在出关处等候。为了争取时间，一行近八十人的女青年，在心舫的安排下，分乘两部游览车，开始我们的澎湖之游。服务的司机是黄孟富先生和吕秀吉先生，还有一路为我们介绍风景文物的导游小姐郭宝霞和郭美玲。

澎湖是由六十四个大小岛所组成的岛屿，最缺乏的东西是水。巧的是从昨晚起，澎湖就开始下雨，大家在绵绵的雨丝中，听导游为我们介绍澎湖风光。

视野所见的树木，都是二十年前，在此驻防的军队所种植的（每一个士兵都要负责种几棵树，如果枯死或栽培不成功，就取消放假日）。由于东北季风非常强，此地的树木都长不大，永远是那么高，因此称为“不老还童树”，最常见的是被命为澎湖县县花的天人菊。

由于缺水的关系，澎湖日常所需的白米、水果都仰赖台湾供给，特产有花生和丝瓜。澎湖的丝瓜外表如杨桃，有五条沟，细长、味甘美。近十年来澎湖的人口，尤其是年轻一代，大都移居台湾，人口有显著减少的现象。长荣公司的张荣发、陈癸淼、洪冬桂、国民党秘书长许水德、东南水泥陈汇山都是澎湖人，可见澎湖人才辈出。

澎湖的神道教信仰很兴盛，再多的钱都可以用在建庙上，所以寺庙有二百四十八座之多。地方上的建设，却少有人响应。

澎湖有十四所中学、四十三所小学，最高学府是马公高级中学及澎湖海事学校，如果想要就读专科或大学的人，则必须要到台湾。

澎湖最高的山，只有四八三〇公分高（非公尺）。澎湖居民大都以渔业为生，相对的苍蝇就很多，因此苍蝇也成了澎湖的特产，当地居民称它为“小飞机”，不管你走到哪里，小飞机都会在你四周围绕，尤其用餐时，更是纠缠不离。

路经一座加油站，司机特别介绍说，这里只有三名工作人员，因为加油的车辆不多，闲暇时，就以泡老人茶来排遣时间，他们泡茶的技术远近驰名，比加油技术还要好。

扬名国际的跨海大桥是一九六四年蒋公巡视时下令建造的，它连接澎湖的白沙乡和西屿乡，此地居民称跨海大桥为“亲善桥”。全长有五五四一公尺，每两百公尺就有一个让车道，桥下可以很清楚地看到很多旋涡，一圈圈的直流而下。

大义宫是花费新台币五千多万元建造的，内奉关羽圣像，有一个地下室是以透明玻璃和彩色霓虹灯建造而成，如同一座水晶宫，可供人参观。内有千年鲸鱼骨、海底莲花珊瑚（珊瑚状如莲花，每年才长零点八公分至一公分），另有一个贝壳洞，是小型的海底陈列馆。

世界上任何古物都不及石头、土地有千年亿年以上的历史。

西台古堡是清朝时为了防御海盗而兴建的古堡，它的建材是由红糖、糯米、石灰混拌而成，已列为台湾一级古迹。

通梁古榕已有三百多年树龄，“胡须”有一百六十八条。

澎湖气候非常炎热，因此路上所见的女孩子大都是蒙面女郎（防晒措施），这也成了澎湖的特色之一。

下午二时，乘坐快艇往吉贝岛，又换乘玻璃船参观吉贝海上乐园的海底世界，海底景观确实有一番气象，只见海葵、热带鱼群、软珊瑚、蓝天使(即珊瑚，我为它取名“莲花珊瑚”，其状如莲花，一朵接一朵，一片接一片，连成一片莲花海，大者有五层楼高，小者也有一二层楼高，相接在一起，非常状观)，随处皆是。

今天整日的行程全在雨中进行，上船、下船，上车、下车，衣服湿了又干，干了又湿，但大家都玩得很尽兴。

傍晚五时多，回海天佛刹安单，在车上，大家兴致勃勃地玩余兴节目，我也随喜出了个谜语给大家猜——

一条白龙想过江，含真珠亮当当；
真珠想吃白龙肉，白龙要喝真珠汤。

——佛前油灯

弯弯曲曲像把弓，金身滤水在当中；
周瑜点了一把火，孔明先生借东风。

——水烟袋

小小诸葛亮，端坐军中帐；

摆好八卦阵，要捉飞来将。

——蜘蛛

左三一，右一三，
合起来是三二三。

——“非”字

晚上原本安排大家到街上购物，但是购物对于这些来自台北的女孩子，吸引力似乎不大，她们一致要求晚上和我座谈。

先和大家介绍我建普门寺的因缘，并且解说台湾佛教近四十年的发展历史，每一个阶段都是我亲身的体验，希望这些经验能帮助大家认识佛教在台湾的历史发展。

深夜十一时三十分，才结束今晚的座谈。解散前送给每一位女青年一颗文石做的木鱼，以志澎湖之行。

六月　十二日　　星期六

早餐时，很多女青年都跑来跟我同桌，此行

陆、海、空的交通工具都坐到了，很刺激也很难忘。

“《中央日报》”记者李堂安先生用传真方式访问我几个问题，简答如下：

1. 我剃度的恩师是志开上人，为栖霞山寺的住持大和尚，是佛教的实业家。

2. 随僧侣救护队来台，最初希望六百人成队，但后来因为人数不足，一九四九年时解散。

3. 佛光山开山几十年，就是一个“穷”字，但大笔捐款佛光山也不接受（都是积少成多）。

4. 佛光山一直希望以大众传播媒体弘法。

5. 我对政治没有兴趣，只是关怀社会。

6. 我没有最喜欢的事，也没有最不喜欢的事，一生性格随缘、随喜而已。

本来计划今天上午九时搭飞机回台，因为班机误点而改搭十一时多的飞机，回到台北已经十二时三十分了。

在澎湖马公临上飞机时，黄金宝代表女青年会，送给我一份大家的“澎湖之旅个人感言”，内容如下——

陈美苍：愿秉持佛光会员四句偈的精神，共同完成人间佛教的理想。

李秀纶：大师，感谢您，从您的谈话中，坚定了我的信念，确定了未来人生的方向。

林丽雪：慈祥的长者，如沐春风；知识的泉源，如入宝山。

蔡燕杏：一个最懂得随遇而安的人——大师。同时他也是最能与人沟通、最懂得表达自己意念的人。

郭琼妮：不忘师恩。

戴小丽：从陌生到欢喜，从犹豫到希望；从存疑到信心，从我执到尊重。大师化解我心中的疑虑，每忆及当时情景，内心的感动，仍不禁泪湿眼眶。我本沉沦于大海，大师引我求菩提；从今尔后愿跟随大师，学习大师的风范和精神。

陈淑玲：大师，澎湖之旅，您的身教让我永生难忘，您的言教影响我的一生。感谢您！

陈倩思：感谢您——心甘情愿，永随师学。

黄淑贞：弟子愿生生世世做个佛光人。

许勤萍：慈颜妙语度龙象，祥悦法喜化有情。

赖阿满：三藏十二部，尽在大师的言谈举止间。

高素雅：大师——智慧如大海，待人如甘露。

蔡美华：大师——就像一座可以自由进出的宝

山，只要你肯进入，就可得到宝贝，数不尽的。

李斐英：澎湖之旅，虽身未行囊饱满，但心、知识却大开眼界、大饱耳福，一日之游，一生受用无穷。

赖玉环：师如明灯，照破黑暗；师如日月，予众生光和热；何其有幸，随师学道。

陈其青：大师，您坚毅、宽广的心胸，深震我心，弟子愿用心学习、效法。

高秀琴：雨中见您的背影，散发着慈悲的力量，您的用心，提携青年，我们明白。除了感谢还是感谢！

李宝玉：大师，您的精神化高山险峻为平地，救度无数众生，在茫茫无知的人生里，为我们照亮了一条光明的道路，我们要感谢您，我们要跟随您。

林怡伶：您的平易近人，简单明了的生活佛法，令人生起亲近之心，愿佛光普照三千界，法水长流五大洲。

陈秀慧：大师您辛苦了，感谢您的带领，我永生难忘，愿能时时追随您，达成人间佛教的净土世界。

陈淑娟：心中体悟，心灵充实，感谢大师。

林秀妹：大师的慈悲，让我们有如沐春风的感觉。

江佩珊：无能言语，只有化为行动……

李凤雯：大师平易近人的风范，谆谆教诲的言行，慈悲的、睿智的处事方法，谨记在心，愿做为自身努力学习的指标。

张瀛心：师父上人是平易近人的大家长，现代佛教青年的指针，是我心中一盏明灯。

胡月惠：至诚感恩，至诚惭愧，更愿再次耕耘自己；慈眼视众生，悲心度有情，时时刻刻，生生世世。

古燕玲：大师，谢谢您带我们走一趟智慧之旅。

叶婷婷：大师，感谢您引领我迈向光明大道。

陈美玲：慈悲是慈眼视众生，悲心度有情。

刘月红：师父，皈依您一段时间，总觉得您遥而弥高、望而生畏，然此次澎湖之旅，体会您的平易近人、慈祥亲切，能这么亲近，这么贴心喊您一声师父，我真的好开心好欢喜。

许恒琇：星月菩提映心舫，云水甘露滋润忙；美景法语良缘结，海天佛刹已再望。

丁俊文：大师就像是我的父亲，更智慧与慈悲的父亲。

刘虹君：这次能够一起以普门寺女青年会的身份与大师到澎湖参访，真可说是难遭难遇。这也是我第一次参访澎湖，成年后第一次坐飞机，更是第一次与大师如此接近。从这次的参访中，使我更加认识大师的为人、风范，尤其大师与我们谈心的时间中，我最为感动的一句话是“在学佛过程中要忍耐”。对于一个初学佛的我来说，是句很好的鼓励。

黄素霞：感谢大师的德泽，让我有此机会更亲近大师，以前看到大师总是遥不可及，借此机会使我更了解大师是一位非常开明的先进，智慧高超非凡人所能比喻，尤其大师的慈悲心，真是让人感动。冒着大雨陪着我们同游跨海大桥、古战堡及游玻璃船等，衣服淋湿了，我们都累了，但大师还是神采奕奕，并利用时间跟大家讲佛法。尤其星期五晚上还办座谈会，直到十一点多才结束，第二天又赶着开理监事会议及皈依，没有丝毫休息，更无一丝倦容，我真的好佩服也好感动，真希望大师多注意法体，不要太劳累，因为有很多众生需要大师的度化。

王淑贞：星公上人，见到您的那一刹那，无法用言词来形容，而是出自内心的一种感动。昔日，自书上感觉您除了有耐力、毅力、容忍力，如今更觉得您有亲和力与慈悲喜舍的心。过去，未学佛之前，对于所有的人、事、物，皆抱持“或多是幸运，或少是命运”的态度。现在，除了深信因果之外，对于所遭遇的挫折，皆当作磨炼、考验，更当作学法途中的逆增上缘，也深觉唯有磨炼的痛苦越深，才能以所体会的帮助世人，让我学习您的精神，有毅力为佛教、为社会贡献一己微薄的力量。

陈毓芬：师父上人，您的平易近人，使我觉得您并不是那么高不可攀，就像是一位慈祥和蔼的长者，一切以最平常、最自然不拘谨的方式，带领着我们、指导着我们，给人亲切的感觉。

您的随缘开示，句句真诚又不失幽默，如甘露遍洒每个人的心灵，每个人心中的杂染，顿时化为清净，法喜充满。

感谢师父上人慈悲举办这次青年会澎湖参访，使我能亲近大师，这是一次难忘的澎湖之旅。

覃淑贞：平日读大师日记，常为字里行间的文词所感动，甚至热泪盈眶，心想这么一位令人崇仰的伟大师父，今日竟能这般接近地聆听教诲，亲受他的身教，不是难遭难遇吗？来自四面八方的青年会青年，大家有缘聚集一堂，不也是千载一时，一时千载吗？我非常珍惜澎湖之行的这一天教诲，心中真是感恩！

黄淑娟：常听师父们称大师是一座“活宝山”，如今亲身领受，觉得既欢喜又惭愧，欢喜的是因缘的可贵，惭愧的是何德何能，焉有如此大的福报与大师这么亲近接心呀！

在这趟澎湖之旅，对大师的毅力、耐力……自叹弗如，并对人间佛教有了新的认识，同时更确定跟随师父的决心，为报答师父对青年的用心良苦，愿生生世世常随师学。

黄金宝：师父说：“我很惭愧，你们在普门寺发心那么久，我都没有好好慰问过大家……”听得我们都好感动！有这么慈悲、智慧的师父，为我们建了这么好的道场，让我们有机会闻法，又有机会学习，发心服务本就是我们分内的事，怎敢居功？座谈会中，师父为大家解说台湾佛教史，每一件事都是您亲身的经验，听来倍感真切，师父原本就是一部活的台湾佛教史。不管我们什么样的问题，在师父睿智幽默的回答中，都能心开意解。虽明知夜已深，但实在好舍不得结束，澎湖之行是我一生中最充实最美好的一天！青年会的青年们大家有志，绝不辜负师父的期望，他日师父亦能以我们为荣！

下午二时，主持了“国际佛光会中华总会”第一届第十一次理监事联席会议。

期间还接受《民生报》袁小姐的访问。

晚七时三十分，前往新庄禅净中心主持一场近六百多人的皈依典礼。新庄市长蔡永福也在此次典礼中发心皈依。

六月　十三日　　星期日

由佛光山寺主办，基隆市政府、佛光净土文教基金会、极乐寺、国际佛光会基隆地区各分会、稳立音响灯光公司协办，“国际佛光会中华总会”承办的北部地区“禅净密三修万人献灯法会”，于今天下午四时，在基隆市立体育馆举行，由中医师胡秀卿居士（“中华总会”理事）担任司仪。

今日前来参与献灯法会的贵宾有：基隆市长林水木、徐少萍夫妇，谢修平、王拓、李先仁、林志嘉，国民党市党部主委黄昭元，基隆市议员黄简玉霞、张通荣、谢建政、郑林清良，基隆女中校长王丽君，修慧长老，佛教同修会会长谢玉舜，瑞芳镇长周清龙，泰山乡长黄中兴，仁爱区长黄仁祥，七堵区长蔡神恭，民政局局长郑炳焕，社会局局长邱云仪，交通队长陈福助，卫生局长吴博斌等多人。

基隆市长林水木先生是最标准的信徒，不仅本身皈依，公余之暇，也曾参加过八关斋戒、短期出家，真可称为“佛教市长”。

林市长在法会中致词道：“我非常感谢大师的慈悲，在我们基隆举行禅净密三修万人献灯法会，这是基隆市三十六万市民的福报，同时也提升了基隆市民的生活意境，进而将基隆净化为人间净土。今天除了基隆市民之外，来自台北、宜兰、桃园的信众计有万人之多，大家聚集在此，将三种佛教宗派的修持法门融和在一起，同步修持，实在是千载一时、一时千载的机缘。”

法会进行中，和与会的法师们引领大众唱香赞、持咒、念佛、禅坐共修，并以六根的修持为大家开示，希望借着六根的修行，来培养慈悲、禅定以及智慧的力量，充实佛教的精神内涵，以追求更真实美好的境界。我勉励信众要坚持禅、净、密、戒、定、慧的修行，才能对治毒品的诱惑及贪、嗔、痴的烦恼。法会圆满前，与会者每人都点亮一盏心灯，回向家庭和谐及世界和平安乐。

◎水井里，有两个水桶在聊天，一个水桶说："有什么用呢！每一回他们把我装满，马上又把我倒光。"

另一个水桶说："每一回我被倒光，立刻又会被注满。"

世间上的事情都是两面，但看人们怎么想。永远往好处想的人，快乐满怀；往悲处看的人，痛苦不已！这个时代，需要的就是乐观，乐观比财富力量大。

◎宋国有个卖酒人家，他所卖的酒斤两不欺、酒味醇正，待客又亲切，但是生意却始终不好，酒因为卖不出去都变酸了，于是他就去请教村中的长者杨倩。

杨倩亲自到卖酒人家家里去，看到一只恶犬就在酒店附近对过往人潮猛吠。杨倩对卖酒的人家说："你家养了这一条猛犬，买酒的人因为惧怕它，就不敢来买酒，你的酒也因而变酸卖不出去。"

国家也有猛犬，当有贤人志士为君王陈述富国安邦之道时，仗势的大臣们就成为猛犬来咬他，这是有道之士不为国君重用的原因。韩非子的这则寓言，各行各业的决策主管应该深引为戒。

六月　十四日　　星期一

应花莲四维高级中学校长黄英吉先生之邀，参加该校的毕业典礼。

上午六时三十分，由基隆极乐寺出发，东行往花莲，在滨海公路上，看到阳光透过云层，照射在海面上，随着海浪起伏，一片大海就像流动的黄金浪潮似的，煞是好看！

九时三十分，进入花莲县境内，在和平的协成休息站下车休息，协成负责人赖进坤先生，一看到我就非常亲切的招呼，并很热心的把太太、母亲、手下员工，一一的叫来跟我介绍。在他们热情的招呼下，我先后喝了一杯金枣茶、一杯坪林的包种茶、一杯舞鹤的茶，赖先生并端了一大盘由苦茶油拌的面线和紫菜汤，请我无论如何多少都要品尝一点。从我进休息站开始，赖先生总是在旁招呼，不曾离开过我，也没有看到他指示员工家人做什么，只见茶水点心样样齐全，可见他招呼客人已经很自然习惯了。反思佛光山朝山会馆的待客之道，能否如此周到亲切？实在有待加强。

和平是花莲的第一个村庄，村民有百分之七十来自宜兰，民风淳朴、物产丰富，政府有计划要将全省水泥业集中在此，村民们担忧如此一来水泥工业会污染海洋。车行至太鲁阁附近，被一片蓝天碧海的景色吸引，忍不住下车倚栏远眺，太平洋蓝得像水晶，花莲是台湾的最后净土，真该好好珍惜。

下午三时，准时踏进四维校门，前来参加毕业典礼的宾客之多，几乎包括了全花莲学校的校长、各级长官及地方士绅，可见黄校长平时的广结善缘。

整个典礼进行中，没有一点噪音，尤其在大太阳之下都没有人走动，学生们个个精神饱满、抬头挺胸，连鼓掌声音都是一致的！教育厅的督学也都一致赞叹道：全省找不到如此有秩序的学校。

在典礼中，我勉励毕业同学们——

1. **不忘四维**：四维是做人的根本，四维是各位的母校，对母校不能忘记，家庭中的父母养我们的身体，四维学校则长养我们知识技能，此恩不可辜负，因此毕业后对母校要能不忘。

2. **做好爱徒**：黄校长和各位同学的感情比一般的师生更为密切，每一个人今日能做个好爱徒，将来出社会必定是个好干部、好妻子、好丈夫，大家要做好爱徒以不负母校之恩。

3. **发挥性能**：世间上任何事物都有它的性能，每个人的性能如何，有待大家去发掘，能苦能乐、能早能晚、能荣能辱、能进能退……做一个四维的毕业生，要无所不能的为社会献出力量。

4. **孝亲感恩**：能对父母师长感恩的人才懂得孝亲，懂得孝亲才能成功立业，不知感恩者是世界上最贫穷的人，因为他无法心存感谢。因此，在社会上要有所作为，必须要发挥孝亲感恩的精神。

在校生致毕业同学欢送词中说："因为进入四维，让我们结了一段不可思议的佛缘，佛光山师父的开示、佛祖巡境、行脚托钵、佛学讲座，还有那令我们终身受益的静坐共修，就在这一次一次的活动中，种下了我们欢喜参与的菩提种子……"

毕业生的致答辞是："感谢这么多贵宾的光临，并且给予我们嘉言训示，我们一定铭记在心，遵循努力，更感谢校长为我们邀请了佛光山开山宗长星云大师来参加我们的毕业典礼，这是我们衷心企盼的。而今大师在百忙之中，不辞辛苦光临我们的毕业典礼，如此厚爱真叫我们满怀感动，让我们合掌虔诚的说声：谢谢您！

校长二十年来无尽的慈爱，我们才能拥有如此舒适健康的读书环境，老师们日日夜夜真心付出奉献，我们才能懂得做人处事的道理，才能取得一张张的合格证书，发挥能吃苦、有感情、最团结、重荣誉的四维精神……"

望着手边资料："用感恩心迈入四维第二十年"、"秉持佛陀初心不变之信念，走出四维十五年心路"、"由佛光山方面承受来的"……四维中学对佛教的向心精神，如此坚毅热烈，我自己一手创办的普门中学都望尘莫及，这种教性不知道黄校长是如何培养的？真是比普门还要普门！他们今年应届的毕业生都已经被各公司邀请去任职了。

从《四维青年》第三十三期讯三乙石玉成同学写的《结一段佛缘》一文中，就不难了解四维师生们的宗教情操——

结一段佛缘

静坐是我们留在学校最后一年中，
最有意思，也最值得回忆的事情。
因为"静坐"，
使我们内心不再浮躁，
也使我们内心更为纯净；
因为"静坐"，

使我们懂得自我观照，
更使我们懂得时时拂拭；
因为“静坐”，
使我们懂得如何超脱，
更使我们懂得如何自处。
就这样的，
“静坐”让我们妙结了一段不可思议
的佛缘。

黄英吉校长之所以能将四维带动得如此成功，它的学校有几点特色：

1. **情感融和**（使我们志同心和）

私立学校的薪资待遇、身份保障，和工作的质与量往往不能成正比，假如只靠一纸聘约，实在难以留住好老师。四维老师能志同心和，本着种善因得善果的共识，以宗教情怀、慈悲心肠，来带领这一群与四维有缘的学子，主要是靠情感的结合，大家互相体谅、互相尊重，人人作不请之友，来教好带好别人的孩子。

2. **独立经济**（使我们自立自强）

四维没有股东，一切取之于学生、用之于学生，落实教学，校风优良、设备充实，便是实力，依此克服客观困境，开创新局，使所有的四维人自立自强。

3. **招生突破**（使我们充满信心）

花莲地区人口少，学校多，再加上私立学校学费高于公立学校五倍之多，学生选校都以公立学校优先。四维由于良好校风、优秀师资、教学成效及完善设备，突破招生的困境，全体四维老师以“把别人的孩子教好”当作修行，用心带好学生，获各界人士肯定，成为花莲、台东、宜兰、基隆、屏东五县市公私立高中高职规模最大的学校。

四维办学的理念是——

一、教务方面

1. 把握教学目标，强化教学研究。

2. 改进教学方法，提高学习效果。

3. 注重个别差异，有效帮助学生。

二、训导方面

1. 彻底实施导师责任制。

2. 以“孝亲感恩”为校训，推行家庭中兄姊爱护弟妹的学长制。

3. 每周实施“阅兵分列”、“跆拳训练”，树立负责服从的处事原则。

4. 每堂课实施三分钟静坐，借以消弭浮躁情绪，提升学习效果。

三、实习方面

1. 重视技能教育，推展技能检定，达到人人有证。

2. 特别重视职业道德与人文素养教育、工作安全卫生教育。

四维这些年来，对社会所交出的成绩单是：

官方评鉴名列全省十二所优等学校之一，生活教育评定为全省公私立高中四所绩优学校之一，教孝月活动荣获教育主管部门表扬，推行学长制获各界肯定，考上大专院校者累计三四三人，全省学科测验第一名，全省技艺竞赛第一名，工业安全卫生测验连获全省第一名。九年来的成就：1. 工业类科技术士检定合格二二八六人，2. 造就一六五八位珠算高手（其中十段的林秋玉同学也是东部有史以来最高段），3. 簿计检定达一七六一人合格。五年来，中文电脑输入检定一二七六人合格，商科同学考入一信、二信年年超过省立学校，参加电讯人员特考金榜题名，办理职业训练成效优良获教育厅表扬，拥有视听电子、工业电子、配电线路三职种权威部门认定合格的技能检定场。如此丰硕成果，我以爱徒黄英吉校长为荣。

深夜十一时，返抵佛光山。

六月　十五日　　星期二

应佛光山丛林学院学生的请求，希望在今天的周会里，能和大家开示。想到昨天参加花莲四维高中的毕业典礼，颇有感触，就利用周会时间和同学们谈谈四维高中的因缘。我和黄英吉校长相识已几十年了，虽然他很尊重佛教，但始终不曾皈依，直到前年我到花莲成立国际佛光会花莲分会时，黄校长才发心皈依，一皈依就一门深入。四维中学的整个毕业典礼过程，所谈的均是“禅修”、“佛缘”、“佛光山”，对佛教的向心及信仰坚定不移，为了我还去订做一张宝座椅，可见其用心！四维学生在黄校长的熏陶下，身上都很自然散发一股独有的宗教气质，宁静、安详、不亢不卑、举止优雅有序。反观在学院就读的大家，是否已培养出一份宗教徒的灵气？还是仍然毛躁得不能宁静下来？

从一个人心里经常想的是什么，行为经常做的是什么，谈吐语言经常说的是什么，就可以窥知此人的心安住在哪？勉励学生们就读佛教学院最重要的是要接受——

一、思想教育：思想教育就是信仰教育，只要对佛教有利益的，自己就要牺牲；只要对佛教有好处的，自己就要奉献；凡事以佛教第一，自己第二；没有个人，只有佛教；没有自我，只有团体。这种认识与信心绝不因外境而动摇。

二、生活教育：我本身所受的是专制教育，因此我很懂得体贴学生，但是一个人想成功，必须从委屈、忍耐、受教中慢慢熬炼。老师要改进，学生要接受，彼此都要从堪受中来互相授受增长，从最初的“不以为然”，而到“想当然耳”的完全接受，就是一种进步！

对于同学的学习态度，我的看法是——

1. 学佛，“佛”是悟者，学佛的人要明朗活泼，因为学佛为的是给生活带来快乐。

2. 尊重师兄长，发扬有序的宗门伦理，为真理、宗风、立场须力争；对个己私人恩怨则不计较，要忍耐。

3. 立场不同、方法不同、要求不同，效果自然也不会一样，彼此多互相体谅、包容，自能共存共生；反之，则会同归于尽。

从大处着想，不在小处妄起分别计较；从远处想，不要只看目前！肯定自己，安住在道中，才不会浪费在佛教学院求学的好时光。

从书上看到一则统计说：根据语言学家统计，历史上各地居民使用过五六五一种语言，其中有一四〇〇种语言现在已无人使用。今天世界上有十大种语言，依使用人口的多寡先后次序如下：汉语、英语、西班牙语、印地安语、俄语、阿拉伯语、孟加拉语、葡萄牙语、日本语、德语。

汉语是我国的主要语言，使用人数占全国总人口的百分之九十五。世界其他国家和地区还有一千万华侨或华裔也在使用汉语，也就是说目前世界上约有十亿人口在使用汉语，使用英语的国家和地区虽广，但使用的人数只有四亿人左右。

目前联合国作为正式语言和工作语言的有汉语、英语、西班牙语、俄语、法语和阿拉伯语，可见汉语之重要。有很多外国人士在勤奋地学习汉语，但是也有许多中国人无法流利使用汉语，且每况愈下，让有心者引以为忧！

有愿必成

对于埋藏在心底的心愿，

秉持着不强求但顺势、

不放弃但待因缘的个性，

确定佛法中有愿必成的信念，

希冀能圆满心愿。

1993 年

6 月 16 日—6 月 30 日

精华语录

◎化善缘，化好缘，尤其要化欢喜缘。

◎布施如同播撒一粒种子，将来必有无量的收成。

◎工作中想要胜任愉快发挥所能，莫过于要做到敬业乐业。

◎在佛门中工作讲究的是“学力”而非“学历”。

◎与人共事，要多点头、多说好话、多赞美同事，待人要热忱亲切，周遭的因缘自然就会很顺利。

◎东西坏了可以弥补，人情打坏了就无法挽回。

◎任何工作都有它的功德，一个能干的人是不会去计较职位的高低。

◎身为领导人物，必须使眼耳鼻舌身意都能分明，做到眼明、心明、是非分明、理事都分明，但是处理人事不可太分明。

◎治学不厌是智者，教育不倦是仁者，做事不苦是勤者，受苦不诉是能者。

◎依佛为师故曰皈依佛，依法为药故曰皈依法，依僧为友故曰皈依僧。

◎现代教育是老师和学生打成一片，因此要用同事摄与学生相处。不要要求每个学生都一个模式，在不同中各发挥所长，在不同中包容大家。

◎凡所有相，皆是我的心，礼佛拜佛，最重要的是将佛与我们的心连结在一起，不要起分别！

◎每天不管怎么忙，为人忙、为事忙、为钱忙之余，也要抽出一点时间，少至五分钟，多则一小时，为自己的修持忙！

六月　十六日　　星期三

上午九时，列席参加“各别分院住持及单位主管会议”。每次要召集各地住持回山开会，在行程上都要彼此迁就，尤其近几年来，本山增加不少讲堂和禅净中心，要找出一个共同的时间聚在一起开会就更费心，各地住持都有此体验，所以每次回山，大家都很珍惜，唯一遗憾的是海外道场住持就少有机会回山参与。因此我建议常住，希望下一次会议能提早通知海外的别分院住持，一起回山开会，因为掌握整个决议的过程比知道决议的结果还要重要，希望这项建议，能在下一次的会议中实现。

今天开会前，很多住持都建议，能否先安排一段“师徒时间”，让大家在倾谈公务之外，对事情的看法、处理的态度、师兄弟之间如何协调沟通等问题，彼此交换心得，并且要我为大家解析把脉。

最近有不少徒众向我告状住持的不如法；也有信徒投书予我，倾诉在别分院受到的委屈。我趁此机会跟大家“检讨”一番，由于发言的人太多，主题又太杂，粗略的归类如下：

身为主管者——

◎对缺少佛法、道念不坚、马虎不用心的徒众，住持要多用心思去鼓励、包容。

◎对属下言谈态度要尊重，不露轻慢举止。

◎做主管者最忌情绪、偏心、护短、专制、嘴碎。

◎早餐是一天的会报时间，要懂得珍惜。

◎对人众要教育、要宽大，前辈要爱护后学。

对待信徒方面——

◎佛光山有僧众的福利制度，因此要信徒开车接送、看病、私自化缘，皆不如法。

◎对信徒要热情、亲切、主动、慈悲。

◎出家人施茶、施粥、做众生的马牛、倒一杯茶服务信徒，都是一种结缘。

◎工作中凡得罪信徒者，皆不可原谅；责信徒者，即触犯了佛光山的根本门规。凡佛光山的弟子，一定不可以侵犯别人，不可以欺侮别人，东西坏了可以弥补，人情打坏了就无法挽回。

关于人事调动——

◎佛光山是大海，一个人应该接受调动，多方学习，不要只想赖在一个地方。况且常住不会随便安排每一个人的职务。接受调职只有职位越调越高，不可能越调越小，要做活水，而非一滩死水。

◎要在大冶洪炉中接受熬炼，不要轻易说“不！”任何工作都有它的功德，一个能干的人是不会去计较职位的高低。

◎对于常住的指派要心悦诚服，依教奉行，何况调职也是一种参学，可以多方面学习。

◎随缘、随心是出家人的本分，没有所谓的“习惯”，应以常住的需要为需要。

除此之外，其他尚需注意者有——

◎不要将情绪上的喜、怒、哀、乐表现在工作上。

◎公务上的办事意见，不可引发为私人的心结。

◎要从别人的反应、批评中改进自己，要具有闻过能改的谦虚胸怀。

◎凡事要做得让每一个人满意那是不可能的，但是要尽心尽力，不违因果。

◎节用惜福是出家人的本色，而不是依此去要求别人。

◎在佛光山，每个人永远都不可能拥有什么私产，但是也不会失去什么，最重要的是要培养自己拥有整个佛光山的器识。

◎从衣着上可以看出佛光山的风格，但是每个人更要训练自己从思想上、宗风中，表现整个佛光山的精神。

即将上山来任职佛光山发言人的孙春华居士，也加入我们的师徒会，她看大家如此的布萨，每个人表现指责自我缺失的勇气与精神，不禁叹道："这就是大乘菩萨的道场，大家要赶快学习。"

六月　十七日　　星期四

八时起，依议题正式讨论此次住持主管会议的内容：

1. 身为住持、领导人物，必须使眼耳鼻舌身意都能分明，做到眼明、心明、是非分明、理事都分明，但是处理人事不可太分明。由都监院、传灯会研议办法，对徒众加强教育和训练。

2. 佛光山人众越来越多，为使僧团清净，有屈者有管道申诉说明，有过者给予合法忏悔改正，拟成立"僧事平议会"，请传灯会起草章程办法。

3. 今年供僧法会比照去年改为“道粮斋僧功德回向法会”，由佛光山主办，分四个地区进行，为布施道粮的信徒回向功德，祈福祝祷。

(1) 八月二十一日（农历七月四日）于花莲县立玉里中学举行。

(2) 九月一日（农历七月十五日）于台北市立体育专科学校体育馆举行。

(3) 九月五日（农历七月十九日）于台中市北区省三小学育德馆三楼举行。

(4) 九月八日（农历七月二十二日）于佛光山举行。

4. 今年度由佛光山文教基金会举办的“世界佛学会考”，共分有四十三个考区。

5. 请依谛、依群、依导、永固、满馨、慧化、慧群等人共同拟定“佛光山宗务委员会徒众出国办法”及“各别分院组团出国参访旅游办法”。

6. 国际佛光会世界总会将于十月十六日至廿一日在佛光山举行第一届第二次会员代表大会。

7. 为促进社会净化安宁而推行的六诫运动（诫毒品、诫暴力、诫酗酒、诫赌博、诫色情、诫烟害），于七月中旬正式发布，开始推动。由“国际佛光会中华总会”执行。

8. 位于大雄宝殿后的“三宝殿、金佛楼、玉佛楼”总名称为——佛光山修持中心，内部设备分别规划为：

(1) 三宝殿：

地下室为佛教文物展览馆。

一楼为各院会办公室。

二楼为宗务委员会。

三楼为宗史馆。

四楼为禅净法堂。

五楼为大会堂。

(2) 玉佛楼：

一楼为斋堂、办公室。

二、三、四楼为寮房（参加都市佛学院、信徒大学、讲习会、八关斋戒等信徒安单处）。

六楼为各讲堂、会议室。

七楼为礼忏堂、预备禅室。

(3) 金佛楼：

一楼为展览馆。

二、三、四楼为寮房（清净士、学士）。

五楼为写经堂。

9. 国际佛光会和佛光山的关系是：佛光山要协助佛光会的发展，佛光会要护持佛光山，两者是一而二、二而一的关系。

10. 请各别分院推荐优秀人才为国际佛光会的檀讲师，于十月份考试。

日后各地佛学讲座的演讲者、佛教学院所聘请的教师、参加国际会议的代表者，都必须具有国际佛光会的弘讲师、弘道师、弘教师等资格。

11. 为了让佛光山派下海内外各道场的徒众，每年有一段自修时间，由佛光山宗务委员会承办，拟定每年农历六月一日至六月十五日，农历十二月一日至十二月十五日为闭关期间，届时徒众均要回本山入关自修。

六月　十八日　　星期五

由大树乡公所、乡民代表会主办，佛光山协办的“大树乡祈安消灾法会”，今起一连三天，在九曲堂老人活动中心举行。

本山法师除了支援佛事之外，信众部和慈悲基金会也配合举办佛学讲座及义诊。为社区工作是敦亲睦邻的方法，佛光山在这一方面服务很用心。

佛光山丛林学院教务院会，上午八时，在法轮堂召开，教育院院长依恒特请我在院会中，给大家开示。

◎为了适应时代变化，佛教学院教育应具有“传统的法务和现代的传教”方式，佛教有很多根本传统不能违背，如：信仰、慈悲、稳重、和平、忍耐……这些都不能缺少。现代的新知技能，如电脑、医护、驾驶、绘画、音乐，也要广泛学习。

◎要让学生喜欢读书，在修道中欢喜，在生活上也能欢喜；如果“法”不能让学生欢喜，则表示学院的教育不成功。

◎所谓“教育”就是要让学生进步（在信仰、心灵、人生成长、做人处事，各方面都要有所长进），而非只是功课的填鸭。

◎佛学院中的每一个人，都是常住，都是佛教，不可与佛教离心，与常住背叛，要与佛教融和在一起。

◎现代教育是老师和学生打成一片，因此要用同事摄与学生相处。不要要求每个学生都一个模式，在不同中各发挥所长，在不同中包容大家。

◎活跃是年轻人的本色，只要不破坏规矩，应无可厚非，不一定要一板一眼的毫无生气。我很赞赏学生对老师的教学法有想法意见，也就是说我喜欢学生有声音。

◎要做好院务工作，有很多方面的层次问题必须列入考虑，譬如以下各项目要用心去细思——

1. **学制方面**：科系、时间、年级、学分、称呼定位、学制定位。

2. **师资方面**：僧俗、新旧、语言、技能、理论、世法、出世法。

3. **环境方面**：院舍、殿堂、庭院、礼堂、球场、图书馆、康乐室。

4. **学生方面**：学历、年龄、籍贯、师承、僧俗、出路、退学、烦恼。

5. **生活方面**：律仪、法务、钟板、衣单、食住、疾病、作务。

6. **修行方面**：发心、道念、山林、都市、自修、共修、平时、忙时。

7. **感情方面**：男女、大小、同性、尊卑、同院、亲情、嗜好。

8. **经济方面**：单银、家补、师助、信施、工读。

其他诸如学院独立、师资训练、师资往来、院际往来，都必须列入行政系统来考虑进而实施。

我以下面的话勉励教务院会的徒众——

治学不厌是智者，教育不倦是仁者，
做事不苦是勤者，受苦不诉是能者。

只问耕耘不问收获，只慰他苦不求我乐，
只想付给不求回报，只愿成就不计辛苦。

六月　十九日　　星期六

上午十时，前往普门中学活动中心，参加普中一九九二学年度的毕业典礼。

普门中学创办于一九七七年，记得当初从创办到筹备，仅一个月的时间，招生（登记）当天就碰到塞洛瓦台风，在风雨中开始普门中学的创校，匆匆已过了十六年。十六年来，今天是我第三次参加普门中学的毕业典礼，有几件事很值得欣慰——

1. 几年前获教育主管部门评鉴为台湾省私立中学的优等学校。

2. 普中参加历年的大专联考，录取率达百分之七十。

3. 下学年本校初中部只想招六班三百多名学生，但目前登记的已有三千多名学生。

毕业典礼上，勉励即将步出校门的学生，要自我期许：

1. **做一个箱子**：要提得起、放得下，“提得起、放得下”的人生，会增进自己的阅历。

2. **做一枝彩笔**：人生如画，要用彩笔绘出自己灿烂的人生。

3. **做一面镜子**：照破自己的缺失，了解自己，看清自己的本来面目。

4. **做一根蜡烛**：在工作中牺牲、服务、奉献，如烛光照亮别人。

5. **做一滴水**：给人解渴，滋润世界一切众生。

6. **做一尊佛祖**：心中有佛，自然会择善去恶。

普门中学的“普门”是观世音菩萨的名号，观世音又可称为观自在、圆通大士、普门大士。普门之意有：

1. **慈悲**：希望大家都具有一颗慈悲的胸怀，家庭、社会、国家、周遭的每一个人都能行慈悲。

2. **广大**：心如大海无边际，对人、事、物都能接受，不计较不比较。

3. **包容**：本着有教无类的心态，包容他人于自己的生活之中。

4. **变化**：不墨守成规，不故步自封，人生的成就要在变化中求进步。

希望每一位由普门中学毕业的学生，都是社会上优秀的中坚！

一般人勉励学生最常用的话莫过于“时间就是金钱”、“圣人不贵尺之璧，而重寸之阴”、“寸金难买寸光阴”、“莫等闲白了少年头”、“盛年不再来，一日难再晨，及时宜自勉，岁月不待人”。在佛门中，也常提醒学僧，要把握光阴，否则时间就会在刹那中流失！而“刹那”这个名词是来自古代印度梵语，根据《僧祇律》——

一刹那为一念，二十念为一瞬，
二十瞬为一弹指，二十弹指为一罗预，
二十罗预为一须臾，一日一夜为三十须臾。

以此与现代时间对比——

一须臾为四十八分钟，一罗预为一百四十四秒，
一弹指为七点二秒，一瞬为零点三六秒，

一刹那只有零点零一八秒。

晚九时三十分，陈履安、曹倩夫妇，陈履洁、吴乐云夫妇，刘振伟律师及其公子千金陈宇慧、陈宇康、陈宇全、陈宇谛、刘欣如、刘昂如等一行人来山，由于时间已晚，参观巡山节目只好安排于明天。

陈履安先生对本山正在筹备中的佛光大学十分关心，我特地向院长报告山川林园、小桥流水的构图，将是佛光大学的一大特色，很高兴陈先生也有同见。

六月　二十日　　星期日

七时，和陈履安夫妇、陈履洁夫妇、刘振伟律师及其家人在麻竹园共用早餐。

因为今天我要到北港禅净中心主持佛像开光及皈依典礼，而心平又因公务前往台北，不在山上，只好请慈惠和依淳陪同陈履安先生等一行人巡山参观，我无法亲自作陪。

北港开发甚早，在明朝天启元年（公元一六二一年），泉州人颜思齐率郑芝龙等自日入台，便由此登陆。北港是台湾内渡闽粤的主要港口之一，北港位于嘉南平原中心，对外交通非常便捷。除了这些地理条件之外，让“北港”扬名于海外者，便是北港朝天宫的妈祖。

妈祖，是我国沿海人民所崇仰守护航海的女神。妈祖信仰已有千年历史，清朝雍正时，更通令全国沿海各省一体建庙，春秋祀祠，其奉祀最盛，庙宇最多的省份是台湾，而台湾信徒最多的妈祖庙，则为北港朝天宫，因为它的历史非常悠久，目前已列为二级古迹，每年吸引数百万观光客。

佛光山北港禅净中心，位于北港镇文化路，是北港地区的信众，为了有一共修道场而努力筹建的。其实早在四十年前，北港的王平郎居士就一再请我到北港来设立道场，但是因缘一直不具足，今天终于如愿。在主持佛像开光时，我特别说法如下——

北港妈祖度迷航，三宝慈尊应万方；
禅净中心开光日，万众信仰乐无疆。

今天前来观礼的贵宾有：云林县长廖泉裕、北港镇长詹春泉、吴修荣、云林县佛教会理事长郭庆文、朝天宫董事长（省议员）曾蔡美佐、北辰小学校长蔡金鐊、万有纸厂董事长许老有、水林法轮寺淑定法师，以及佛光会嘉南地区各分会督导、会长、会员信众等共计五百多人。

北港是妈祖应化的地区，妈祖千百年来，在历代皇朝被封为“天上圣母”，因此在政治上或民间社会自有其地位，遗憾的是在传统的佛门寺院里，妈祖一直没有被定位（关云长关羽为佛教的伽蓝尊者，三宝座旁也有其宝座），这是值得研讨的一个问题。我曾多次应邀前往马来西亚、吉隆坡等地弘法、做法会，当地的寺院，三宝座旁一边是供奉观世音菩萨，一边则供奉妈祖，让妈祖在佛殿中也有一个定位，相信这也是百万信徒所祈愿的一件事。我曾允诺北港郭庆文理事长，要填写一首“妈祖歌”，我甚至为此翻阅不少有关妈祖的资料及文献，希望能将妈祖的慈心悲愿，在歌词中表露出来，虽然尚未成文，但是在心中已酝酿很久。

我希望佛教会能正视并且积极研究有关妈祖的定位问题。

《普门品》说：“应以佛身得度者，观世音菩萨即现佛身而为说法……”为度化众生，观世音菩萨应化各种身，所以，妈祖也是观世音菩萨的化身。

妈祖在海上救度众生，观音也慈航普度。人生本来就是苦海，任何时间都需要救度，在我们的信仰中，不管是信仰释迦牟尼佛、阿弥陀佛、药师佛……都是一种人格信仰的象征，因此信者没有必要去分别彼此。我常常面对释迦牟尼佛，而内心礼拜观世音菩萨；在观世音菩萨座前，礼拜阿弥陀佛，凡所有相，皆是我的心，礼佛拜佛，最重要的是将佛与我们的心连结在一起，不要起分别！希望今后北港禅净中心与妈祖信徒都一样为自己的明心见性而努力，为社会的福利而努力，为净化人心而努力，更为自己的修行而精进，僧住则法住，有法处必定有佛。

廖泉裕县长说：他曾到过洛杉矶的西来寺，看到不少的天主教、基督教、伊斯兰教的教徒们在西来寺走动、参观，甚至研究佛学。因此他希望云林地区除了有妈祖之外，将来也能有佛教学院及宗教艺术馆的设立，希望这个愿心在佛光的加被之下，能够早日实现，他将会尽全力去促成此事。

詹春泉镇长说：北港地区除了有朝天宫和妈祖

医院之外，开发宗教观光地区（内含佛教学院及宗教艺术馆），是目前积极筹划的工作。北港禅净中心的成立，会带给社会一股祥和风气，祈愿在佛陀的慈光照耀下，社会更安宁，信众更平安吉祥。

吴修荣说：他从小就是拜妈祖长大的，对我所说“妈祖是观世音菩萨的应化”感应很大，也很契机，因此以北港地方的信仰为荣，相信在佛光普照下，北港镇不久可成为台湾的宗教中心。

郭庆文理事长说：具足福报者，才有缘参加今天的开光典礼，北港佛教的法船将寄托在禅净中心！如果把拳头喻为学校，那手指就是各学系；拳头若喻为佛教，那手指就是各大宗派。因此不管是礼佛陀或礼妈祖都可依此法船到西方去。国际佛光会在世界五大洲六十多个国家地区，都有协会、总会，他以身为佛教徒为毕生最大的光荣。

下午一时，为北港地区三百多名发心皈依的信众主持皈依典礼，勉励大家每天在为人忙、为事忙、为钱忙之余，今日皈依后，不管再怎么忙，也要抽出一点时间，少至五分钟，多则一小时，为自己的修持忙！

本山来自北港地区的弟子有依恒、依门、依宣、依法、永航、满舟、满厚、慧义等人，能在家乡北港设有本山的道场，也是徒众共同的愿望。

下午四时三十分回到佛光山，便约请陈履安先生到开山寮用茶，陈先生谈了不少他学佛的心得以及对佛教义理的诠释，都颇有见地。

晚上七时，在檀信楼礼堂，特安排丛林学院学生与陈履安先生座谈，不管学生如何发问，陈先生总是有问必答。摘录一二如下——

陈履安先生说："学佛就如开车子，要懂得驾驶方向盘，而善知识便是在旁随时帮我们调整方向的老师，让我们不致走偏了，走邪了。

人们的六根功能有限，因此活在狭小的世界，佛法是由人的内心去体验一个更广阔的世界。有很多科学观念都被一些原有的模式所限制，但科学不能验证的事，并不表示不存在。我曾有一个奇想，如果科学家能发明一种仪器来测量一个人的贪嗔痴有多重？称一称一个人的诚意有多少？做梦时，可以录影下来，以便清醒时回味。借此来提醒我们身、口、意的行为，然而这毕竟只是一种梦想，因为科学办不到。"

其实佛的境界，也有用科学可以证明者——

"佛观一钵水，八万四千虫"，用现在的显微镜，可以看到水中无数细菌。

佛说："十方无量诸佛世界"，星球的运转，人外有人，天外有天，证明确实有无量诸世界。

佛又说："出广长舌，遍及三千大千世界"，今日电视电台的广播，人造卫星的传递，可遍及天涯海角，不就是遍及三千的广长舌吗？可见科学的发达，可以证明佛学的境界。

陈履安先生说："我学佛的时间很短，常自忖为何自己到了五十多岁才有因缘接触佛法？而佛门八万四千法门、法法平等，每一法门都要去学，一生怎么可能学得完？但愿来生从小就从小沙弥开始学起。

对自我的举止言行，时时刻刻都在提醒自己，不要忘失菩萨道。我到佛光山来，看到大师真的在行菩萨道，或许各位只缘身在此山中，感受不到，但对我而言却有很深的感触。

'一日禅'的修持方式有两种——

1. 不动念的方法，不管穿衣、吃饭、走路，当下那一念，不思惟、不分别，当下清清楚楚的不起任何妄念，永远在当下。

2. 对三宝信仰不变，以疑来参念佛是谁，回头向自己内心去找、去参，穿不知穿，吃不知吃，什么分别妄想、名相都没有了，如此久参必有禅！

平时的修持点滴比较容易，如何将点滴成线成面那才是要用功的，诵经、念佛、持咒、参禅都随时保持没有妄念，自我检查心在不在法上，而‘密行’的修持，不外当下那清晰的一念。

做每件事能专注就是修行，妄想起来了，再拉回去，将生疏的功课转熟，将奔驰的烦恼拉回来，把烦恼淡化、清除，就是一种修行。”

陈履安先生的一席话，对学生们有深远的启发，佛光会已礼请陈先生为檀讲师，今后，佛光会员将有更多的机会聆听陈先生的佛法。

六月　二十一日　　星期一

昨夜承陈履安先生盛情，坚持一定要送我回寮，今晨六时，我也特地赴麻竹园，送他上车赶往高雄搭机北返。

原订上午七时驱车北上，利用北上前半小时，为回山上课的北海研究部同学，指导研修课业与修持道业的重点。位于淡水石门乡的北海学部成长颇速，在数任院长：心定、慧军、慧明的细心发展下，已培养出首届男众研究生：慧宽、慧证、慧运、慧聪、慧堃、吴明彦等六位同学。我期待这班研究生能扎实的用功，发挥研究佛学的长才。

对于群众的惯性与人的习性，近来我有二喻——

1. **小鱼之喻**：佛光山中养了数池小鱼，偶尔走过池旁，总见大鱼领头，一群小鱼尾随，争相索食。只要大鱼转身，小鱼也不明究里，瞬即跟着转身；大鱼忽东忽西，小鱼们也忙着尾随东游西窜。在佛光山徒众中，也看得到宛如小鱼的习性，大家要来都一起来，要走都一起走。我笑称这是“一群小鱼”。今晨早食，因急与研究部男众谈话，赶先离开了斋堂，只剩慈容用膳，慈惠入堂一看：“咦！方才不是许多人都在这里，一下子都到哪儿去了？”慈容笑道：“大鱼（指我）一走，小鱼（徒弟们）都一起游走了！”

我希望佛光山弟子要改变这种小鱼习气，成长为大鱼的领袖风范。能住持各方、领众梵修是我所盼。

2. **小犬之喻**：佛教学院因安全所需，豢养了数只土犬。夜里只要有声响或外人，一犬吠，众犬皆吠声相应，好不热闹。佛光山作风民主，民意可以表达，因此，有时我才一开口，出家未久的年轻徒众就争相表达反对或赞成的意见，数口齐发，让我刹那哑然以对，不知道何时轮我说话。我戏称这是“小犬争吠”的现象。中国人谦称家中子嗣：“这是我的小犬。”的确涵义深远。同一家人，为家（可衍申为家庭、国家、团体）好，而表现关怀的用心与各类意见，是可以容纳的，但是要不失伦理的分寸。佛光山中容得小犬争吠，可见民主到极顶。

下午二时抵达台北，自巴西回国的觉圣，已在佛光净土文教基金会守候。他报告巴西道场近况，我嘱咐他要与觉诚、道容多举行佛学讲座，广结善缘。另外巴西圣保罗大学、阿根廷大学，邀请佛光山派众留学，其好意须热心回应。觉诚、觉圣、道容，都是去年调派到南美洲服务，虽然未经历练，但其发心弘法的用心与干劲，恐怕要让一些前辈汗颜。

下午二时半，参加官方颁发“一九九二年度绩优社会团体颁奖典礼”。在台湾一千五百多个社团中，评选出五十四个会务运作优良的社团，“国际佛光会中华总会”也获此殊荣。缘此，主办单位要我代表受奖团体致词。因与会的工商政各界大老名士比比皆是，如陈重光先生、饶颖奇先生等都亲自出席，我实在愧不敢当。但想到会中都是身份地位最大最高最多的人士，主办单位难以取舍，所以以我一名“不在三界内，超出五行中”的衲子来承担这份工作，也是有平衡与兼顾之理。

看来出家人在社会中形象与超脱的优势，反而是入世弘化的机缘。

只要有多余时间，我都舍不得浪费。利用颁奖后的两个小时，到佛光净土与慈庄研究各地道场工程的设计，并嘱侍者铺纸研墨，乘机挥毫，写出三十余幅书法，其中以一张“我是佛”的字义最为满意。我想送给人，慈庄劝说：“我是佛，收到此三字的人会不会太过自大？”我以为：能直下承当“我是佛”的人，是大勇者，是大修行者。因为只要承担“我是佛”就不会吃烟喝酒、骂人打人、犯戒违规、为非作歹。我还希望社会上人人都有“我是佛”的担当。

晚间，在普门寺和北区道场的负责人闲谈，心定的一首打油诗颇见其心量——

人说台北最有钱，四面八方来化缘；
男女老幼都欢迎，只求佛法遍大千。

我对佛光山各地道场化缘的理念是："化善缘，化好缘，尤其要化欢喜缘。"其中以"不越区化缘"是最重要的原则。陈履安先生对我"不越区化缘"的风格，最是推崇，他以为能去除纠纷，治乱于根源。

慈惠告知今日"《中国时报》"第十六版，全版刊登一九九三年世界佛学会考题库，是"《中国时报》"与佛光山合办此届世界佛学会考的第一波公告，引起众人瞩目，很具社会意义。据悉将在八月廿二日于世界五大洲四十三个考场进行佛学会考，这次是自一九九〇年由我建议举行全民佛学会考以来，范畴最广、参与群众最多的一次（评估将有五万名考生）。欣见佛学能普及化，感谢"《中国时报》"余纪忠先生的睿见，同时对联系的记者苏正国先生一并致意。

六月　二十二日　　星期二

台北荣民总医院的李武彦居士，皈依至今已经将近四十年了，我为他取法名慈照，他对我的恭敬不亚于出家的弟子。一再的催促我到荣总做身体健康检查，我一则因为法务太多，挪不出时间检查；二则心中盘算着：法务过于繁忙的“因”，可能导致检查不理想的“果”，担心徒众知道了健检结果，会阻扰我弘法的安排，因此也就得过且过，不肯检查。

今晨九时，终于拗不过慈照的好意，特别抽出时间检查心脏、血压、血糖、眼睛等状况。感谢荣总新陈代谢科主任蔡世泽医师、心脏科加护中心主任江志桓医师、心脏科总技师李武彦居士、心脏科技术员吴郁英小姐、心肌核子扫描技术员游翠如小姐、营养科组长杨雀恋小姐等人，在百忙中为我忙碌检查。

果然不出所料，新陈代谢科的蔡世泽主任说：“大师！你自有糖尿病症状以来，病情一直好好坏坏，这次检查显示，血糖太高，眼睛病变有出血的现象，好像不太照顾自己，尤其缺少睡眠、休息、运动，是血糖提高这么多的主因，我代表大众恭请大师照顾自己，不要太过劳累。”

心脏科江世桓主任说：“大师以前没有高血压，现在检查有高血压的征兆，并且经由心电图检查，我怀疑您有心脏缺氧的功能性问题，明日为大师再安排一次详细检查。”

左算右算，好像找不出时间检查，但想到孙运璿先生的话：“每个人都要照顾好自己的身体，生病以后会拖累家人和朋友，他们会更加辛苦。”我唯恐拖累大众为我辛苦，决定挪开一些约会，明天再来荣总检查。

回到“中华总会”已近十一时，“《中央日报》”的陈懋珍记者已经在等候，与我做“回首看台湾”的专辑采访。我以来台四十余年的台湾住民，表达我对台湾成长的一份关怀与心力。

“《中央日报》”在台湾有三十二万份的发行量，海外版分布一三二个国家，社长石永贵先生是我的方外之交。请陈懋珍先生代向社方表示，我拟办《佛光日报》，希望“《中央日报》”给我一些建言。

我对佛教事业一向有所坚持。为佛教办一份报纸、设一个电台、开一个电视、创一所大学，都是长远以前埋藏在心底的心愿，秉持着不强求但顺势，不放弃但待因缘的个性，确定佛法中有愿必成的信念，希冀有生之年能圆满心愿。

在菲律宾服务的永光、永昭来见我，说明将在马尼拉设立讲堂弘法，我嘉许他们的发心。

下午三时，勾峰来谈电视弘法的企划案；“中华佛教青年会”净耀法师率韩国佛教声乐团代表来访，请求上佛光山作佛教音乐交流。

宏泰建设公司洪国雄总经理来访，商谈佛光山台北道场事宜。洪先生的诚意在见面，我的诚意在弘法。财务上我们能力有限，但因未来在台北弘法的迫切需要，我只得对洪先生以佛法立场来晓示：“人生不是只用金钱来评估。金钱以外，必定另有其价值与功德，很多因缘虽然呈现在眼前是吃亏，可是吃亏的背后冥冥中总有因果功德，终究不会吃亏。”洪先生闻言发心，愿意鼎力襄助，祝其顺利如愿。

晚间七时参加由现代妇女基金会主办的“一九九三妇幼平安夜”晚会，董事长潘维刚要我在会中说话。我以为妇女的伟大，在于培育世界的伟人；妇女是所有大人物的母亲。记得在大陆九十五岁的母亲说：“我对大家没有贡献，唯一能做的是将儿子交给佛教，奉献给大家。”希望大家对妇女能有绝对的尊重、帮助和安全的爱护。

会中主办单位要我代颁义卖念珠十条；为支持此一有意义的活动，我也挥就一幅“云水三千”书法义卖，承蒙吴瑞开董事长看得起，以一百万之价竞得，圆成我赞助妇女活动的心愿。

慈容来问“六诫运动”（诫毒品、暴力、酗酒、烟害、赌博、色情）的原则。我建议先成立筹备会，拟发起人名单、订定活动组织章程、办法草案，搜集六诫资讯、创作标语、格言、文章等都是当务之急。我并主动自荐撰写“六诫宣言”。

六月　二十三日　　星期三

昨日与荣总江世桓主任相约，做心肌核子扫描检查，利用出门前一刻钟与来自美国洛杉矶佛光会会长吴剑雄博士晤谈，尔后准时赴约。

心肌扫描是应用科学上铊元素 201（Thalium201）的核种做心肌扫描，费时一个小时，分上下午两次作业。舍不得时间空过，我邀约北区的弟子，争取检查的中间空档，一同探勘台北道场的工地。返回荣总，恰巧赶上第二次心肌扫描时段，分秒未差。

据检查报告显示：心脏左心室确有功能性缺氧的现象，看来我在法务安排上，又要落徒众的口实；请求我多做休息、反对我排满弘法时间、请师父为大众保重等建言，又要不绝于耳了！

下午四时邀约北区功德主近二百人，对于大家共同关心的佛光山近况举行座谈，将佛光山二十七年来的成果，分四点报告如下——

一、建立了现代弘法教团。

二、建立了两序僧信四众。

三、建立了佛教各种事业。

四、建立了两岸交流管道。

计划中，佛光山未来努力的事业有四———

一、开办佛光电视。

二、设立佛光电台。

三、发行《佛光日报》。

四、创建佛光大学。

为了让未来的佛光四大事业有办事的地点，因此拟筹购佛光山台北道场。如此重大的计划如果不告诉功德主们，恐事后会责怪我说："这么一件大事都不让我知道，不让我参与，是不是看不起我！"所以只好在会中一并报告。

不料功德主们成就佛法、发心功德的诚意感人，大家争相捐献，为庄严国土道场而布施。

黄丽明居士是发大心菩萨，会中鼎力护持。她说："一九五七年我单身来台，想读佛教学院，请大师收留，但是当时大师处境相当困难，只能拿出他所有的五十元，资助我另外寻师求学。当年五十元的资助，三十年后的今日，我就是用几千万元，都难以报答在我遭受人生际遇困苦时，大师给我的恩德于万分之一。”

佛经中说：布施如同播撒一粒种子，将来必有无量的收成。诚哉斯言！

会后，安国寺陈正博建筑师向我说明安国寺重建的种种困难，随即指示负责的道祥排除万难速速进行。

夜晚七时半，驱车回佛光山，在车上慈惠向我报告下午前往教育主管部门说明佛光大学办学的事情，说明会由教育主管部门负责人袁颂西先生主持，颇为顺利，如此一来佛光大学筹备的步伐可以跨前一步。

端午前夕，高速公路大塞车，抵达佛光山上已是漆黑寂静的凌晨二时。

六月　二十四日　　星期四

每逢骊歌飘扬的季节，总让人感受到一股新陈代谢的朝气，今年丛林学院又有一批新的学子要结业，对实习单位的分发，又要费很大的心思。

在教育院和传灯会的安排下，今天特地把分派到各地实习的去年结业生召集回山，听取大家这一年来的实习心得报告，也希望借此范例，作为今年实习单位分发的参考。

对已实习圆满的学生们开示——

各位去年结业踏出校门时，是带着满腔理想、抱负、欢喜、冲劲到各单位去实习，经过这一年，不知大家有何体会？相信难免都会有酸、甜、苦、辣带回来（或许是说中了大家的心事，引来一阵哄堂大笑）。

如果在实习阶段受到挫折委屈，那是学院的教育没有把大家教得很“高强”，所传授的招数不够，致使大家遇到困难措手不及无法应付，学艺不精者，在外遇到难以化解的困难就会很多。今天把大家从各实习单位召集回来，主要是听听大家的心声，在此地的发言，其言论对外不负责任，没有什么不好讲或不敢讲的，希望借此次的检讨会大家交换心得、彼此沟通，改掉自己的缺失或不如法，面对新的一学年重新出发，才不失此次聚会的真正意义。

无论是实习生或是职事，对领一份职务，我有几点意见——

一、要建立佛门的伦理和工作的态度

在实习中遇到困难，有时是因为不了解主从关系、先后有序的伦理而造成的。

工作中想要胜任愉快发挥所能，莫过于要做到敬业乐业，所以与人共事，要多点头、多说好话、多赞美同事、待人要热忱亲切，周遭的因缘自然就会很顺利。最失败的人莫过于与主管对立、与同事有鸿沟，才刚踏出校门，什么都还没有学好，就学会批评主管，派主管的不是，这是常住所不容许的。希望大家有一共同理念，一起来建立佛门伦理和工作态度。

二、要发挥服务的热忱和处事的担当

在工作岗位上要负责、认真、主动、热心、担当，不要因为一句话、一个脸色或者一点挫折就退失信心，或懒散不积极，一句赞美的话或别人的肯定，是必须累积无数的辛苦、牺牲、奉献才能获得的，因此我们在服务时一定要发挥热忱，面对工作要有担当、有勇气。

三、要培养学习的精神和求教的谦虚

活到老学不了，生有涯知无涯，要认真的把工作当作一种学习来用心、检讨、改善。技艺方面，如电脑、会计、美工、书法、驾驶……也必须学习。要常常自省，这一年来学了多少技能？读了多少经典？有何心得成就？做了多少笔记？这一年来，如何自我交待？是否能承担一切错失？对常住有何建树？是否具有“不耻下问”的求教精神？是否谦虚接受别人的教导？想要有所进步，想要有所成就，学习的精神和谦虚的求教是不可缺少的条件。

四、要调解人事的融和和生活的欢喜

人是为欢喜而生活的，在生活中有欢喜吗？不经心之中曾经结下怨友吗？与人融和相处吗？师兄弟们来自四面八方，各有各的成长环境和生活背景，个性当然不可能一样，但是大家共同为佛教、为常住而奉献，这才是共识的重点，有此共识彼此自然可以互相包容，只要不要求对方跟我们一样，那就很好共事，在好共事的环境下，生活自然会充满欢喜！

同学们听了我的话之后，七嘴八舌地提出一些问题，简略回答如下——

◎在佛门发心工作，是一种信仰的投资、时间的投资，不要轻言放弃，既入宝山要有所得，不要空手而回。

◎平时就要自我充实各项条件，否则如何回应常住的需要？

◎“定位”，是自己替自己定位，不是叫别人来给自己定位。单银便是常住给予自己的定位。

◎身为主管要有包容性，就像有的人喜欢吃面，有的人喜欢吃冬粉、粽子、炒饭……同中能存异，异中来求同，自然就会好协调。

◎对主管要服从尊重，但在检讨时可以放言高论，民主的僧团重在六和敬的相处。

◎每一个人在修道上，必定会碰到不少外境，重要的是须懂得去调适身心。

◎平日乌鸦嘴，如果不警觉而信口伤人，有损功德，每个人要严谨地自我检讨。

◎工作与读书须懂得其间的公私关系，不可混淆与公务有关的事物，不侵犯常住的工作时间。

◎寺院是否兴隆，端看信徒是否喜欢到寺院用餐。

◎会做事者必定会读书，会读书者未必会做事。

利用和实习生座谈的空档，分别会见了从巴西如来寺回山销假的觉圣、澎湖海天佛刹的住持心舫、国际佛光会洛杉矶分会会长吴剑雄先生以及东京协会会长西原佑一先生等多人。西原佑一会长从我日记中，看到我对豆腐乳的喜爱，也喜欢上了豆腐乳的美味。中午用餐时，特地请他吃一块豆腐乳，临走时，更送他一瓶豆腐乳，让他带回去日本慢慢享用，看西原会长高兴的样子，我也好欢喜。

六月　二十五日　　星期五

上个星期我到北港禅净中心主持佛像开光时，高雄右昌地区信众陈文腾，杨政雄、颜绸夫妇，蔡满荣、江金圆夫妇，蔡进龙、王水莲、载添、庄秀雄等多人专程到北港禅净中心观礼，并要求我安排时间，去视察要兴建右昌禅净中心的建筑用地，为信众的诚意和盛情所感，约好今天上午九时前往右昌。车行快到目的地时，看到身穿佛光会会服的右昌分会会员沿途列队欢迎。想当年刚到台湾不久，希望为信众争取一个共修的场所，到处请人设道场，却没有人肯担当，三十年后的现在，不仅是台湾，海外任何地方，都有人要送寺庙、土地给佛光山作道场，真是此一时也，彼一时也！只是现在佛光山弘法事务太多，忙不过来，有负大家的好意！

二十八年前，我在找地建佛光山时，也曾到右昌看过土地，对右昌还有一份因缘。近几年来承杨政雄等多人护持右昌布教所，由于参与共修的信众渐多，故而大家发心在离右昌布教所约五分钟的路程，购得一土地，欲建设成有五层楼高的“右昌禅净中心”，一大群信众陪我看完建筑用地，又簇拥回到布教所，要听我的意见。

对右昌禅净中心我有些许建议——

一、在建筑方面

殿堂是礼佛的地方，内部最忌有很多柱子，故设计规划上应尽量减少柱子。外型则以简朴为上，不亮丽豪华，内部设施应以大众化为主。因禅净中心是大众场所，其设备应适合每一阶层需要，如：信众来时要有谈话的场所，不宜在佛堂，因佛堂是礼佛的地方，所以要有会客室的设备；为方便妇女携带子女到禅净中心来，故须设儿童班；为吸引青少年，则要有图书馆或技艺方面的课程；用餐的斋堂要让每一个人都有座位（不能如路边摊似蹲下来就吃），故要讲究，我理想中的禅净中心设备是：佛殿第一、讲堂第二、斋堂第三，会议厅、休憩室第四，其后才讲到寮房。

高雄市议员蓝振源先生，发心自愿为右昌禅净中心建筑期间的顾问，右昌信众都报以热烈掌声。

二、在道场方面

我对右昌禅净中心的期望是：

1. 不光是信仰的道场，更是修持的道场。

2. 不光是慈善的工作，更是文教的工作。

3. 不光是以僧众为主，更是以信众为主。

4. 不光是属个人所有，更是属大众所有。

为磨练徒众在工作处事上的经验，从这个学期开始，就让日文佛学院的同学，利用课余时间，负起普贤寺寺务工作，历时已近四个月时间，今天特拨空和日文佛学院同学们座谈，听取大家在这段“建教合作”期间的心得。

我常觉得一个人要进步，最快的方法莫过于一面工作一面读书，有些人不会读书，但让他去教书，却可从中体会到读书的巧妙，进而能教学相长。

在佛门中工作讲究的是“学力”而非“学历”，一个能干者工作懂得分工，做起事来就轻松愉快，笨拙者做事则是同归于尽。最后勉励大家：

1. 要学习出巧妙来。
2. 要服务出慈悲来。
3. 要相处出尊重来。
4. 要体会出无间来。

本月初维力食品公司董事长张登旺先生，发心提供六千箱的“素清香油”给佛光山义卖，以作为佛光大学的建校基金，在各别分院信众的支持下，才两个星期就卖完了（依维力公司营业部表示，六千箱的素清香油，通常要三个月的时间才能销售完）。张董事长对佛光山信众如此支持佛光大学及拥护佛光山的热情，深受感动，故今日偕同夫人张思怡女士又专程上山表示，愿从今天起，每个月供养一千箱的素清香油给佛光山义卖，直到佛光大学落成，此发心实非善信人士不可为也！

每次和张董事长谈话，其内容都离不开素清香油，据张董事长强调，他对“油”的研究，已有三十四年的历史，很乐意将素清香油的好处，与民众分享（可避免高血压、糖尿病、保持厨房干净，促进健康），并一再坚称，若自己不敢吃，绝不会鼓励别人吃，一个人不管事业如何有成，首先要把健康顾好，第一要做的是使用无害身体的素清香油……

孙中山先生常云："佛法可补法律之不足；法律是防范已然，而佛法可防范于未然。"我对素清香油的评语是：可补医疗之不足，医疗可治病于已患，素清香油可预防而不生病。

食品业者，若都能本着如维力公司张登旺董事长这种道德良心生产产品，那就是民众之福了。

六月　二十六日　　星期六

一项由行政部门"大陆委员会"和天主教花莲教区为指导单位的"大陆各大学教授来台参访团"一行二十多人，在龚鹏程处长及钱志纯主教及各大学教授的陪同下，中午时分抵佛光山。

今天随团来山的贵宾有：

人民大学的罗国杰、刘大椿、石峻、乔长路、方立夫、张立文、葛荣晋、金戈等教授。

北京大学的楼宇烈、杨通、张文儒、许抗生、叶朗、魏常海、陈来、张学智等教授。

南开大学的方克立、郑家栋等教授。

吉林大学的陈庆坤、吕绍纲、刘国梁等教授。

陪行的台湾教授有：

辅仁大学文学院院长张振东、哲学系主任黎建球，教授有田宜芳、王弘五、张家焌、尤煌杰、潘小慧。

台湾大学教授有邬昆如、郭文夫。

政治大学教授有李增、曾春梅。

中午十一时，在法轮堂备茶点欢迎这些远道而来的宾客，由我亲自为大家作简介。

座中，北京大学的楼宇烈教授和人民大学的方立夫教授，在我一九八九年到大陆弘法探亲时，就曾有一面之缘，今日在台湾，尤其是又在佛光山见面，他们不仅倍感亲切，更盛赞因缘的不可思议。巡山参观时，特请丛林学院研究部的同学们充当知客，沿途为大家做介绍。

位于台南中华路的台南讲堂，信众为筹募建寺基金，踊跃提供自己珍藏的小古董出来义卖，为感谢这些发心的信众，我利用零碎时间，很用心地写一些佛门的法语和他们结缘，先后写了百幅之多。很多人收到我的书法之后，都纷纷向我表示收到我送的字不仅惊喜、高兴，更有莫名的感动。我自知自己的字并不好看，也没有正式练过，但是我写得很诚意。

福国寺和慧慈寺也为了台南讲堂的筹建，联合租借了台南协进小学的协进馆，举办一场千人的水忏法会。傍晚圆满前，我专程前往法会现场，和一千余名与会的信众开示“忏悔的意义”。

晚上七时三十分，在台南讲堂为一千三百多名信众主持一场皈依典礼，台南讲堂的屋主，大大建筑公司董事长王大进先生合府、市议员陈隆胜先生也都在典礼上发心皈依。

今天阅读《涅槃经》，其中有放逸十三过，颇有警惕之意，摘录如下——

一、乐为世间不善业。

二、乐说无益语言。

三、乐久睡眠不起。

四、乐说世俗诸事。

五、乐亲近恶友。

六、常懈怠懒惰。

七、常被他人所轻。

八、虽有听闻而快遗忘。

九、乐处边地。

十、诸根不能调伏。

十一、食不知足。

十二、不乐空静。

十三、所见不正。

六月　二十七日　　星期日

为推动研读佛书，充实生活内涵，提升信仰层次，培养正知正见，由佛光山和“《中国时报》”主办，国际佛光会和佛光山文教基金会承办的“世界佛学会考”，今年度将于八月二十二日举行。

佛学会考主要是在鼓励大家研读佛书，故只要是有心研修佛学人士，不拘年龄、学历、宗教信仰都可以参加，为鼓励更多的人参加，试题分青少年组和成人组，主办单位还备有题库方便参加考试的人准备。凡成绩优良者除有奖金和纪念品外，更有奖状及赠阅《普门》杂志一年的优待，若年龄在十八至三十五岁之男女青年成绩一百分，可免笔试就读佛光山丛林学院。

最近各别分院共修时，都以研读“世界佛学会考”的题库为主，法师复习得很用心，信众读得更用功。有些信徒家中的儿孙辈，看长辈们那么认真，就笑着说：“奶奶是在准备大专联考！”学佛不光只是会念“阿弥陀佛”就好，佛学义理也要用心研究，才能符合“解行并重”的修持法门。

今年佛学会考的试场分布有：台湾各县市暨东京、吉隆坡、香港、洛杉矶、宿务、马尼拉、苗戈律、三宝颜、雪梨、布里斯本、布鲁芳登、圣保罗、巴黎、伦敦等地，总计五万人以上参加，希望信众不分男女老少，都能踊跃参加考试，让我们把研读佛学的风气在世界各地带动起来。

佛光山修持中心内的“禅净法堂”，正在积极装潢赶工，希望能如期在十月份正式启用，心平、心定也常请我到现场指导或提供意见。由于科技的进步，现代的工作都已机械化，很少用手工，我常在现场问工作人员，一排可以坐多少人？这个空间可以排几张床？如果把这一道墙移走，可增加多少坪？……只要我发问，他手边的计算机就忙个不停，在计数上，计算机给人莫大方便。

没有计算机之前，最早的记数方法在《易经》

上有记载，我们先民最早记数是以“结绳而治”，就是以在绳上打结的方法来记事表数。三国时吴虞翻曾加以解释道：“事大大其绳，事小小其绳，结之多少，随物众寡。”后来人们改为“书契”，就是用刀在竹片或木头上刻痕记数。后来的楔形文字就是从这里逐步发展起来的。

还有，外国常把欧几里得《几何原本》作为世界上最早的一本几何学。其实我国战国时代的数学家墨翟（公元前四六八年至前三七六年）著的《墨经》比《几何原本》早一世纪。

《墨经》共十五卷，在社会上流传有七十一篇，今只留下五十三篇，其中有关几何内容共有十九条，与《几何原本》对照，凡《几何原本》说到的，《墨经》大都涉及到了。

例如《墨经》对“圆”下了最早定义：

“圜，一中同长也”，用现在的话来说，“圜”是指圆周或圆球。“一中同长”就是在一个定点距离相同的点的集合。这个定义和《几何原本》里的定义完全相同。由此可见，世界上最早的几何学应该是《墨经》。不知现在的电子计算机有没有受《墨经》的影响？

六月　二十八日　　星期一

香港佛香讲堂信众高伯真居士，其父亲高岭梅（八十一岁）因病入院，唯一愿望就是想皈依三宝，透过佛香讲堂当家满中转达，希望用电话方式求取皈依。上午在电话中为高岭梅（八十一岁）、詹云白（七十八岁）夫妇俩主持皈依，依佛为师故曰皈依佛，依法为药故曰皈依法，依僧为友故曰皈依僧，为高先生夫妇俩取法名“普顺”、“普遂”。

有信徒供养我两包“煎茶”，附带的纸条上，一再说明，是来自种植茶叶最早的国家——日本，请我品尝。

世界上最早种植茶叶的国家应该是我国而非日本。远古时代就有“神农尝百草，口遇七十二毒，得茶而解之”的传说。

四千多年前，我国开始用茶叶来治病。

二千多年前，我们的祖先已经发现茶树并开始饮用茶叶。

八〇五年，日本高僧最澄大师，是比睿山天台宗的开山祖师，他从中国带回茶种子到贺滋县，不久茶树就在日本推广。

八二八年，朝鲜从中国引入茶籽，种植中国茶树。从此，有了韩国茶。

一六五七年，法国医生著文，把中国茶叶叫“神草”，说可以和圣酒仙药相媲美。

一六八四年，印度尼西亚从我国输入茶籽，开始种茶。

十九世纪，锡兰、印度、越南和俄国，也输入茶籽种植。现在锡兰和印度的红茶，举世闻名。

本世纪，马来西亚、缅甸试种茶树也很成功。

一九八〇年，韩国佛光月刊，大宇法师撰文推荐佛光山的“佛光茶”。十多年来，东禅楼的佛光茶，不但为万千信徒称道，甚至现在佛光茶的茶艺、泡法都已传到美国、英国、法国、澳洲去了。

世界上不少国家语言中的“茶”字，都是从我国“茶”字的广东音和厦门音演化而来的。

这些都足以说明茶树最早栽培于我国。

目前全世界茶科植物有二十三属、二百八十种，其中我国云南省占有二百种以上，被誉为“云南山茶甲天下”。其中普洱县有一棵“茶树王”，树高十三公尺，粗三点二公尺，据记载，已有一千七百年历史，是我国现存最古老的茶树，有“茶树王”之誉。

六月　二十九日　　星期二

平均每隔三个月，我就要为“华视”“星云法语”节目录影一次，约好今天上午八时开始作业，我准时抵现场，却见陈泰导播和灯光师们还在调光，只好在旁等候。不管做什么事，我都会很准时，宁可我等人家，不要人家等我。

看灯光师们为一个角度的光，又是色纸又是过滤的，若和整个画面配合不对称或还有瑕疵，就从头再来，一次又一次的非常耐烦（每一行业都有它辛苦的一面），但是对我这外行人看来，好像都一样。陈导播在旁跟我解释道，好的光，不仅可以衬托画面，更可以让视觉有立体的感受，就如同在晨间，我们看到阳光从竹林间洒泄时，常会让人有心旷神怡的感受，这完全是因为“光”的关系，好的“光”是能令人赏心悦目的。真是隔行如隔山。不过我想再怎么样的光，都不如我们“心光”来得让人澄净！

今天是普门中学一九九二学年度最后一天，明起就开始放假了。应普中董事长慈惠和校长王廷二先生之邀，中午抽空在全校教职员聚餐时和大家见面。很感谢老师们这一年来的辛苦，想当初我开办普门中学的理念，就是要让普中在所有学校中能具有特色，把普中教育成一个大家庭，使每个老师不光是为薪水、为待遇在工作，更是为理念、为兴趣、为欢喜到普中来工作，故尔曾想用另外一种方式来改变钟点费的制度，也曾和普中老师们举办过早餐会报，遗憾的是出席率并不高。普中历任校长慈惠、依空、慧开和现任王校长和老师们，大家都很用心的将普中办起来。尤其是近一两年来报名入校的学生日趋增多，这都是大家的成绩，在王校长的带领下，我有信心普中将会是一所很有特色的学校。

从上午八时到晚上九时，先后为“华视”“星云法语”节目录制了九十集。部分内容如下：

君子四真

真心无妄念，真口无杂语，
真耳无邪闻，真目无错识。

观人四法

贵，视其所举。

富，视其所与。

贫，视其所取。

穷，视其所为。

四善待人

善言不离口，善事不离手，

善念不离心，善眼不离脸。

四用之道

用兵择其勇，用人择其才，

用理择其道，用钱择其德。

如何察言观色

人出巧词，以诚相接。

人出厉词，以婉相答。

人出谑词，以默相待。

人出责词，以礼相告。

四不可

不可因喜而轻诺寡信，
不可因辞而生嗔愤恨，
不可因快而多事生非，
不可因倦而鲜终无果。

难能才可贵

牙齿以坚硬易毁故至人贵柔，
刀刃以尖锐快摧故至人贵浑，
神龙以难见称瑞故至人贵潜，
沧海以汪洋难量故至人贵深。

读 书

有道之书尽读，明事之书多读，
闲杂之书少读，邪妄之书不读。

脱俗之境

酒以不劝为欢，棋以不争为胜，
理以无妄为道，人以无求为高。

六月　三十日　　星期三

几个月前，我在台北警察专科学校讲演时，承校方好意将演讲内容记录成稿，并且刊载在《警光》杂志上，台南永康警察分局刘聪明局长看了之后，觉得非常相契，就将它引申作为员警法治教育的教材，据闻反应很好，大家都感到非常受用。今日“《中华日报》”特别刊载刘聪明局长类似见证的谈话，表示他是《星云禅话》和电视“星云法语”的忠实读者，对佛学知识的吸收受益无穷，尤其把这些内容应用在生活中、工作上，乃至于对属下的教育教材，都非常契机。佛法能在各阶层普遍让人受到法益，实在是值得欣慰的事，佛法能净化社会人心，又得到明确的印证。

加拿大多伦多的依宏来信报告：

由多伦多佛光协会主办，多伦多华人艺术中心协办的“佛光山多伦多佛光寺筹建义演晚会”，本月十九日晚上八时，在多伦多 Earl Haing Secondary School 举行，节目内容有：佛光合唱团的合唱、佛光青少年管弦乐团的管弦乐合奏、佛光少女舞蹈组的团体舞、钢琴及大提琴合奏、古筝与小提琴合奏、长笛二重奏、中西乐器组合奏，并有独舞、京剧、独唱等。由于节目精彩丰富，观众的回响非常热烈，除了对工作人员的辛苦表示感谢之外，对音乐艺术指导的音乐家盛明耀、谭密子、王雅芬、张琼丽、叶玲、富守仁，以及赞助表演的音乐家范上娥、董冬冬、刘珊、李小护、张燕燕等人，信众都报以不绝的掌声，赞叹他们对晚会的成就。依宏信上还强调道：

“……六月十九日的筹款义演晚会，终于顺利圆满，多伦多佛光协会也因此受到多方肯定与重视！纽约的依日、依教，达拉斯的满亚，温哥华的觉哲等师兄弟，也都前来共襄盛举，壮大不少声势，让弟子更深切的感受到僧团的可贵，也更能体会师父建佛光山的用心良苦，佛法的兴隆不是个人力量可以办到的，一个健全的僧团是非常重要的，依宏何其有幸，在百千万劫难遭难遇之中，能得遇明师，亲近僧团，有如此福德因缘，内心充满无限感激，将和满宜尽心尽力，不负常住厚爱和期望，完成多伦多佛光寺的兴建工作……”

徒众们的担当和尽责，是让为师者最感欣慰

的事。

“音乐中国出版社”最近送了我二片 CD，信上说明这种音乐是以中医理论为基础所创作的保健疗效音乐，对消化性溃疡、原发性高血压、头痛等等疾病，有疗效的作用，要我抽空谛听！这“谛听”两字用得非常好，不仅要我听，还要注意听，可见其用心。奈何信上没有署名，我想写封谢谢的信或用电话致谢都没有办法，为回报赠送者好意，我一定会用心谛听！很期望有心写信给我的信众，别忘了在信后，签上您的大名，好让我回应有门！

最近看到一本书，饶富趣味，书上说：您知道宇宙有多大吗？

地球不但不是宇宙中心，而且它只是太阳系中的一颗小行星而已；无量的太阳系才构成一个“银河系统”，无数的银河系统才构成一个“岛宇宙”；无量无数的宇宙才构成一个“星云”；无量无边的星云才构成一个“宇宙”。

佛说的无量法界有多大，那真是科学家们一生要努力探讨的真象。

编辑后记

星云大师，1927年生，江苏江都人。12岁出家，1949年赴台，1967年开创佛光山，以弘扬“人间佛教”为宗风，树立“以文化弘扬佛法，以教育培养人才，以慈善福利社会，以共修净化人心”之宗旨，致力推动佛教文化、教育、慈善、弘法等事业。1991年成立国际佛光会，被推选为世界总会会长；于五大洲成立170余个国家或地区协会，成为全球华人最大的社团，实践“佛光普照三千界，法水长流五大洲”的理想。星云大师一言一行所产生的影响已不限于宗教界，更普及全社会。星云大师自1989年访问大陆后，便一直心系祖国的统一。近年回宜兴复兴祖庭大觉寺，并捐建扬州鉴真图书馆、接受苏州寒山寺的赠钟，期能促进祖国统一，带动世界和平。星云大师著作等身，总计两千万言，已在大陆出版80余种，深受读者欢迎。

《星云日记》收录星云大师1989年7月1日至1996年12月31日的日记，最初陆续刊登于《普门》杂志“星云日记”专栏，后结集由台湾佛光出版社于1994年和1997年分两次出版，共计44册。

日记详细记载了星云大师每日的弘法行程、心得、计划，熔佛法、哲学、文学、慈心悲愿于一炉，实为一代高僧之心灵剖白与济世旅程，为现代佛教历史的进展保存或提供了至为珍贵的第一手资料，亦为吾人陶冶心性之良方、修养精神之津梁，从中可获得许多做人做事的启示与新知。

此次岳麓书社出版《星云日记》，分三辑先后推出，第一辑收第 1 册至第 15 册，第二辑收第 16 册至第 30 册，第三辑收第 31 册至第 44 册。各册书名不变，对原版编排格式作了简要调整，极个别文字作了删节处理。此次出版除改繁体竖排为简体横排外，对有些不便大陆读者阅读的词语用法也作了改订，如原版中“计画”“规画”改为“计划”“规划”，“连络”“连系”改为“联络”“联系”，凡此种种，不一而足，均径改，不出校记。但原版中专名（人名、地名等）之译名，无论常见或稀见，皆一仍其旧，如“布希”（即布什）、“雪梨”（即悉尼）等，为避免转译之误也，读者诸君明鉴。

台湾某些与大陆名称相同的大学或文化事业机构，或其他容易产生歧义误解的机构名称等，加引号表述，如台湾“中山大学”“故宫博物院”“商务印书馆”等。《中央日报》《中国时报》等涵盖全国性称谓的报刊名称，加引号表述，如“《中央日报》”“《中国时报》”等。

图书在版编目(CIP)数据

星云日记.23,有愿必成/星云大师著.—长沙:岳麓书社,2013.4
ISBN 978-7-5538-0014-1

Ⅰ.①星...　Ⅱ.①星...　Ⅲ.①星云—日记②佛教—通俗读物　Ⅳ.①B949.92②B94-49

中国版本图书馆 CIP 数据核字(2012)第 277521 号

YOUYUAN BICHENG

有愿必成

作　　者:星云大师
责任编辑:李业鹏　李红艳
封面设计:谢　颖
岳麓书社出版发行
地址:湖南省长沙市爱民路 47 号
直销电话:0731—88804152　88885616
邮编:410006
2013 年 4 月第 1 版第 1 次印刷
开本:850×1168　1/32
印张:7.875
字数:120 千字
印数:1—6,000
ISBN 978-7-5538-0014-1/B·86
定价:20.00 元
承印:湖南凌华印务有限公司

如有印装质量问题,请与本社印务部联系
电话:0731—88884129